AF554056

INVENTAIRE
V35360

Encyclopédie photographique

LES

INSUCCÈS EN PHOTOGRAPHIE

CAUSES ET REMÈDES

PAR

V. CORDIER

PHARMACIEN-CHIMISTE

DEUXIÈME ÉDITION

Refondue et augmentée.

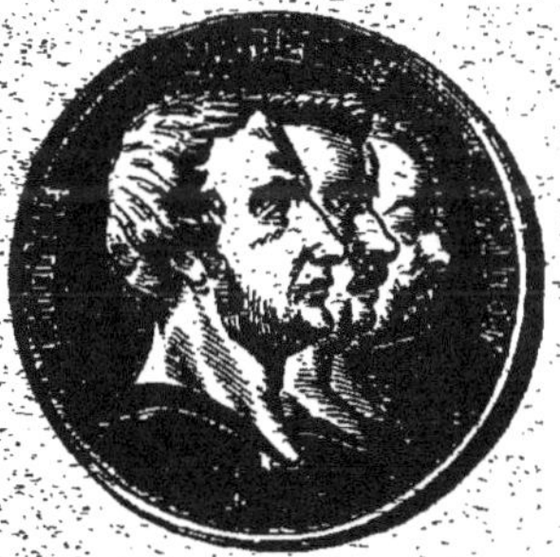

PARIS
LEIBER, LIBRAIRE-ÉDITEUR
RUE DE SEINE, 13.
1868

V

LES

INSUCCÈS EN PHOTOGRAPHIE

IMPRIMERIE DE E. DONNAUD
RUE CASSETTE, 1.

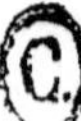

LES

INSUCCÈS EN PHOTOGRAPHIE

CAUSES ET REMÈDES

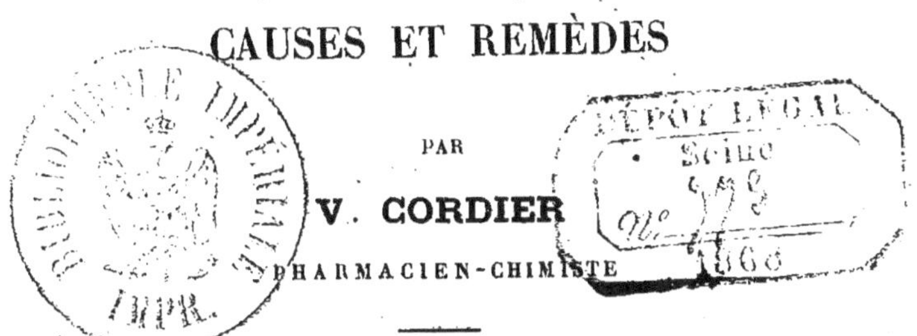

PAR

V. CORDIER

PHARMACIEN-CHIMISTE

DEUXIÈME ÉDITION

Refondue et augmentée.

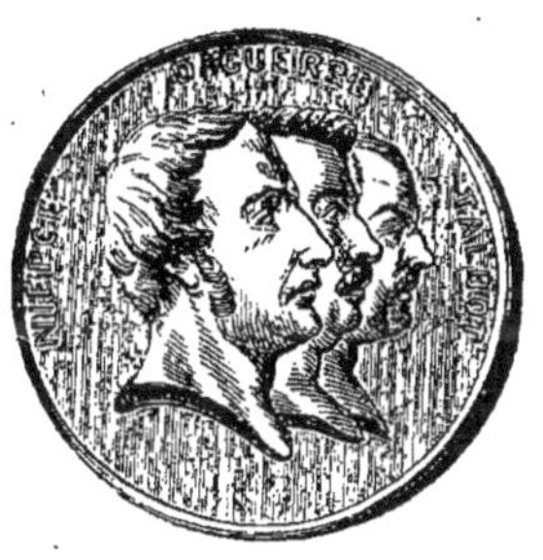

PARIS

LEIBER, LIBRAIRE-ÉDITEUR

RUE DE SEINE, 13.

1868

PRÉFACE

La photographie, cet art si séduisant, si facile en apparence, est, en réalité, une source de difficultés inextricables. Une fois entré dans la carrière, l'amateur ne tarde pas à errer, comme un pilote sans boussole, dans un dédale d'insuccès dont il ignore les causes et les remèdes. Ces délicieuses images de la nature, qu'à chaque instant, il croit saisir, se dérobent comme des ombres fugitives ou revêtent des aspects hideux ou grotesques. Vainement il change les formules et les manipulations, sans cesse reparaissent des taches multiformes, et il s'épuise le plus souvent en essais dispendieux, en recherches stériles.

Le but de notre petit ouvrage est d'éclairer les chemins ténébreux de la photographie, en présentant d'abord les formules et les procédés adoptés dans la pratique générale et par conséquent les plus simples et les plus certains dans l'exécution; nous avons ensuite développé la longue série de tous les accidents éprouvés par nous-même ou signalés dans les diverses publications photographiques. Ces insuccès, dont la liste est à peine ébauchée dans les traités les plus complets, ont été classés le plus méthodiquement possible et accompagnés des explications nécessaires sur les moyens de les prévenir et d'y remédier. Est-ce à dire que dans cette œuvre, fruit de longues recherches, nous avons constamment et à coup sûr mis le doigt sur la plaie? Nous n'avons pas cette prétention, tant les écueils sont nombreux et variés. Nous ne prétendons pas non plus suppléer aux leçons préliminaires que l'on peut recevoir d'un habile photographe, sur la manière de manipuler. En effet, les tours de main seront toujours mieux compris en les voyant exécuter qu'en lisant leur description, même très-minutieuse, dans un manuel. Toutefois, l'étude préalable de notre travail aura du moins l'avantage d'indiquer à l'opérateur prévenu les précautions à observer pour éviter cette foule d'échecs, résultant de variations incessantes dans l'éclairage, dans les produits et dans les opérations, lesquels sont une cause perpétuelle de tribulations pour les amateurs de l'art photographique.

LES

INSUCCÈS EN PHOTOGRAPHIE

I

GÉNÉRALITÉS.

Le collodion est une sorte de papier liquide qui sert de support aux iodures et qui permet d'obtenir plus rapidement qu'avec le papier ordinaire ou qu'avec l'albumine des épreuves très-fines.

L'iodure d'un métal, de cadmium par exemple, produit dans le bain d'argent, de l'azotate de cadmium, qui se dissout, et de l'iodure d'argent qui reste emprisonné dans le collodion sur le verre.

Lorsque les rayons lumineux frappent l'iodure d'argent accompagné, soit de nitrate d'argent libre (*procédé au collodion humide*), soit de réducteurs faibles, tels que le tannin, l'albumine, la résine, etc. (*procédé au collodion sec*), l'iodure d'argent, ainsi impressionné par la lumière, acquiert, plus rapidement que les autres sels d'argent, la faculté de provoquer la réduction du nitrate d'argent additionné de réducteurs énergiques, tels que le sulfate de fer ou l'acide pyrogallique.

Lorsque l'on fait une épreuve à la chambre noire, l'argent sera donc réduit par les seules parties impressionnées sur lesquelles il se déposera. Si l'on renforce cette image, à l'aide d'un nouveau mélange de réducteur et de nitrate d'argent, le premier dépôt d'argent déterminera une nouvelle réduction. Mais quand on prolonge trop longtemps l'exposition à la lumière, l'iodure d'argent perd peu à peu sa puissance de réduction. Il devient, ce qu'on appelle, *solarisé*. Les alcalis versés dans l'obscurité sur l'iodure d'argent produisent le même effet de solarisation que la lumière.

Les fixateurs, tels que le cyanure de potassium ou l'hyposulfite de soude, dissolvent les parties de l'iodure d'argent non impressionnées par les rayons lumineux.

Une glace sensible, c'est-à-dire recouverte d'iodure d'argent, ne présente aucune image après son exposition à la chambre noire. L'image existe, mais à l'état latent. Le réducteur, le sulfate de fer, par exemple, accompagné de solution d'argent, fait apparaître cette image. Mais comme les rayons blancs émis par le modèle (la chemise par exemple) ont seuls impressionné l'iodure d'argent, l'*image est inverse ou négative*, c'est-à-dire que ses parties noires correspondent aux rayons blancs du modèle, tandis que ses parties transparentes, c'est-à-dire inattaquées par la lumière, correspondent aux noirs du modèle.

Les traits noirs de l'image sont amenés à une opacité convenable, par le renforcement avec l'acide pyrogallique mêlé de nitrate d'argent. L'épreuve, fixée ensuite, fournira un *négatif*, *une sorte de cliché*, analogue aux clichés des imprimeurs, puisque, appliqué ensuite sur des feuilles de papier ou sur d'autres glaces sensibles, préparées à l'iodure ou au chlorure d'argent, ce seul cliché, traversé par la lumière dans ses parties transparentes, pourra reproduire une multitude d'*épreuves positives*, c'est-à-dire redevenues semblables au modèle.

Quand la pose a été très-courte, quand on a employé le

sulfate de fer seul et par l'acide pyrogallique et que l'on a fixé au cyanure, le négatif est très-faible, le dépôt d'argent est blanc jaunâtre par réflexion et la glace posée sur un fond noir présente une *image positive directe par réflexion.*

Si, pendant le développement, la glace iodurée est exposée à l'action de la lumière ou des alcalis, lesquels solarisent, c'est-à-dire font redevenir plus transparent le dépôt d'argent formé, en même temps qu'ils noircissent l'iodure d'argent inattaqué dans la chambre noire, le négatif deviendra *positif par transparence.* Les parties solarisées, c'est-à-dire redevenues transparentes, sont roussâtres, un peu voilées, et elles ne peuvent pas être désiodurées.

Le procédé au collodion sec consiste à enlever d'une glace sortant du bain d'argent et par des lavages prolongés, l'excès de nitrate d'argent qui lui donne sa sensibilité à la lumière. Si l'on conservait la glace sans la laver, ce nitrate se concentrerait par l'évaporation et formerait, avec l'iodure d'argent sous-jacent, un sel appelé iodonitrate, lequel se dissoudrait dans les bains subséquents. La glace bien lavée est recouverte d'autres agents, tels que le tannin, l'albumine, la gélatine, la résine, le sucre, la gomme, etc., lesquels donnent à l'iodure d'argent de la sensibilité, sans le décomposer. Au développement, il faut restituer du nitrate d'argent aux réducteurs, puisque c'est lui qui étant réduit forme l'image photographique.

Le chlorure d'argent des papiers albuminés est le sel d'argent qui noircit le plus vite à la lumière en présence du nitrate d'argent en excès qui l'accompagne. Il n'y a donc pas lieu ici de développer l'épreuve; seulement, comme le dépôt violet, ainsi obtenu, est en majeure partie constitué par une laque ou combinaison d'argent avec l'encollage des papiers, laque qui roussirait en s'hydra-

1.

tant dans le bain d'hyposulfite, il est indispensable de recourir au virage, c'est-à-dire à un dépôt d'or sur l'argent. Dans cette opération, le chlore du sel d'or forme avec l'argent qui a été réduit sur l'épreuve, un chlorure d'argent qu'enlèvera l'hyposulfite, et pour un équivalent d'argent enlevé, il reste déposés deux équivalents d'or. On neutralise le bain d'or avec de la craie ou des sels alcalins pour empêcher l'excès d'acide qui donnait de la stabilité au chlorure d'or dissous, de ronger les épreuves. Mais les sels alcalins changent peu à peu tout le perchlorure d'or en protochlorure incolore. Une fois ce changement achevé, le bain d'or, d'abord très-actif, devient inerte à cause de l'affinité du protochlorure d'or plus grande pour les alcalis en excès que pour l'argent de l'épreuve.

L'hyposulfite dissout le chlorure d'argent non impressionné par les rayons lumineux.

Les couleurs bleue et violette impressionnent très-vivement la couche sensible; elles agissent comme si elles étaient presque blanches. Les couleurs verte, jaune, orangée, rouge, l'impressionnent très-lentement.

La présence simultanée dans un modèle ou dans un paysage, de couleurs actives et inactives, oblige à prolonger la pose et à ajouter dans le collodion des bromures, lesquels forment une couche plus sensible aux rayons réfractaires. De la sorte, les contrastes trop vifs sont atténués et l'épreuve s'harmonise.

La lumière décompose à la longue la plupart des substances naturelles. Parmi les corps décomposés le plus rapidement, on peut citer: les essences, les résines et les bitumes qu'elle *oxyde*. Ainsi le bitume de Judée, insolé, c'est-à-dire oxydé, perd sa solubilité dans le pétrole et les essences. Outre les sels d'argent, la lumière *désoxyde* les persels de manganèse, de fer, de chrome, de bismuth, de mercure, de platine, d'or et d'urane.

Le procédé au charbon est basé sur la propriété que possèdent les chromates associés à certaines substances organiques, telles que la gélatine, la gomme ou l'albumine, d'oxyder ces substances sous l'influence de la lumière, en se réduisant eux-mêmes, et de les rendre par suite insolubles dans l'eau et aptes à retenir le sesquioxyde de chrome formé et diverses poudres colorantes, le charbon, par exemple. L'exposition d'un papier recouvert de gélatine bichromatée et colorée avec de l'encre de Chine, demande le tiers du temps nécessaire au papier albuminé sensible. Les positives au charbon sont aussi fines que les positives albuminées, mais leur préparation est très-délicate.

D'autres procédés, basés sur les réactions des sels ci-dessus mentionnés, ont été proposés pour remplacer les procédés aux sels d'argent qui sont très-coûteux. Nous avons passé sous silence ces différentes méthodes, parce qu'elles ne produisent pas encore de résultats assez parfaits et que par suite elles ne sont pas devenues d'un usage général.

L'impression des photographies sur pierre convient pour les grandes épreuves. Les cartes de visite n'ont pas la finesse de celles faites sur papier albuminé. On réussit parfaitement, sur pierre lithographique, les reproductions photographiques de gravures et de tous les dessins constitués seulement par des lignes ou traits plus ou moins croisés et rapprochés.

Jusqu'aujourd'hui rien n'égale la rapidité des sels d'argent pour l'obtention des négatifs.

Dimensions photographiques habituelles.

Quart de plaque.	9 centim.	sur	12
Tiers.	12	—	— 16
Demi.	13	—	— 18
Plaque normale.	18	—	— 24
Extra plaque.	21	—	— 27

La rame de papier contient 20 mains de 24 feuilles chacune.

II

RECOMMANDATIONS PRATIQUES SUR LES MANIPULATIONS.

Acheter des appareils portant inscrit le nom d'un opticien renommé. Le débutant achètera d'abord un objectif double de demi-plaque pour portraits et pour vues, de 15 à 16 centimètres de foyer, et une chambre noire de demi-plaque à soufflet, à long tirage. Chaque châssis porte-glace sera muni d'un châssis intermédiaire pour quart de plaque.

Acheter des produits purs chez des fabricants de premier ordre.

Adopter *invariablement* les formules et les méthodes d'un usage général et par suite les plus simples et les plus sûres dans la pratique. Opérer avec l'ordre et la propreté les plus extrêmes, à l'abri de la poussière ; ne toucher à aucun ustensile, à aucun produit qu'avec les mains bien propres. Pour les pesées, prendre chaque substance avec une petite palette d'ivoire ou de verre et déposer la substance sur un des deux carrés égaux de papier mis sur chaque plateau de la balance. Chaque papier portera le nom de la seule substance qu'il devra toujours servir à peser et il sera fixé avec une épingle au mur près de la balance.

Réserver pour chaque produit : des vases, bouchons, cuvettes, entonnoirs, filtres, couvercles, crochets particuliers ; couvrir les filtres et les cuvettes ; couvrir les goulots des flacons avec des cornets de papier retournés ; que chaque flacon, chaque ustensile d'un usage spécial soit étiqueté ; que toutes les solutions soient limpides ;

que les fioles soient bouchées ; qu'elles aient dans un casier, à l'abri du soleil, une place invariable.

Les cuvettes d'une propreté douteuse seront nettoyées d'abord à l'eau additionnée d'un peu d'acide nitrique, puis à grande eau. Les flacons à collodion se nettoient facilement avec un peu d'eau contenant son volume d'acide chlorhydrique. En versant des liquides, tenir les flacons de manière à ce que de leur pied il ne s'écoule point d'impuretés sur les glaces.

Le laboratoire, placé de préférence au rez-de-chaussée, sera éclairé, du plus loin possible, par deux verres jaune et rouge superposés et abrités du soleil ou à la rigueur par une bougie ou par une lampe entourées de papier orangé. Une lumière jaune égale et douce pénétrant dans tous les coins du laboratoire, même par les jours les plus sombres, permet d'éviter des tâtonnements et des maladresses de tout genre. Un obturateur, mis devant le verre jaune, pourra, à l'aide d'une corde, s'élever ou se baisser à volonté, de manière à obtenir en tout temps un éclairage égal. Lorsqu'on manipule des papiers et surtout des glaces sensibles, éviter l'introduction des moindres rayons de la lumière blanche extérieure.

Conserver dans le laboratoire et dans l'atelier de pose une température moyenne de 15° ; quand il y a inégalité de température, les glaces subissant cette transition condensent de l'humidité qui nuit au collodionnage. En hiver, il est avantageux de chauffer doucement les glaces avant d'y verser du collodion. Dans cette saison, il faut aussi chauffer légèrement les produits avant de s'en servir. En été conserver les flacons de collodion et de bain d'argent dans de l'eau froide, si la température de l'atelier est trop chaude ; les solutions seront moins concentrées, plus acides.

Le laboratoire sera bien aéré, surtout à la partie inférieure ; il sera mis à l'abri des émanations sulfureuses ou ammoniacales. Pour annuler leur effet, on laisse, la nuit dans le laboratoire fermé, une cuvette contenant un peu d'acide nitrique concentré.

Le collodion et surtout l'éther, dont les vapeurs plus lourdes que l'air sont très-inflammables, seront maniés loin des lampes et des poêles. Le bouchon du flacon d'éther sera recouvert d'une coiffe de caoutchouc pour l'empêcher de sauter pendant les chaleurs.

Eviter le contact des différents produits entre eux; éviter surtout le contact de l'hyposulfite avec le chlorure d'or ou avec le nitrate d'argent en excès; car telle est la cause des taches noirâtres que présentent les papiers sensibilisés, lorsqu'on les touche avec les doigts imprégnés d'hyposulfite; c'est aussi une cause fréquente de la détérioration des bains d'or et d'argent.

Quand les bains donnent de bonnes épreuves, bien se garder de les droguer. Quand ils sont altérés, et après quelques essais infructueux pour les restaurer, les jeter aux résidus et faire de nouvelles solutions.

Il faudra ne jamais oublier que le *cyanure de potassium est un violent poison,* qui, au contact des acides, produit de l'acide prussique, lequel est absorbé par la respiration et par les blessures de la peau. Il est préférable, dans presque tous les cas, de remplacer ce fixateur par l'hyposulfite de soude; si l'on est obligé de s'en servir pour les positifs sur verre on prendra des pinces en corne pour manier les glaces.

D'autres causes peuvent influer défavorablement sur le système nerveux des photographes, telles sont: l'inhalation répétée des vapeurs d'alcool et d'éther, les brusques intermittences d'obscurité et de lumière, le travail continu dans une lumière jaune, la tension assidue de l'esprit et des yeux sur les détails microscopiques des épreuves.

Ces résultats sur la santé seront toutefois atténués et même complétement annulés par l'habitude, par la ventilation du laboratoire et enfin par des interruptions assez fréquentes dans le travail photographique.

La longue énumération de toutes les difficultés cidessus mentionnées pourrait rebuter beaucoup d'amateurs. Cependant, s'ils ont de la persévérance, l'habitude de l'ordre et des facultés un peu artistiques, ils parviendront à vaincre tous ces obstacles et à produire, eux aussi, ces charmantes épreuves qu'on ne se lasse pas d'admirer et qui ont élevé la photographie au rang d'une des plus merveilleuses découvertes de notre époque.

Nota. *On fait disparaître les taches d'argent* sur la peau ou les vêtements en les frottant avec un peu de solution alcoolique d'iode, puis versant de l'hyposulfite et enfin de l'eau. Ne jamais employer le cyanure de potassium à cet usage.

III

MODE D'EMPLOI DES OBJECTIFS

DISPOSITION ET ÉCLAIRAGE DES OBJETS A REPRODUIRE; PORTRAITS, PAYSAGES, VUES STÉRÉOSCOPIQUES, MONUMENTS ; REPRODUCTIONS DE DESSINS, DE PHOTOGRAPHIES, ETC. ; ÉPREUVES TRANSPARENTES SUR VERRE ; AGRANDISSEMENTS.

Objectif simple.

On l'obtient en retournant le tube de l'objectif double, supprimant la crémaillère et les deux lentilles non collées ensemble et appliquant un petit diaphragme au milieu de la longueur du tube, ainsi :

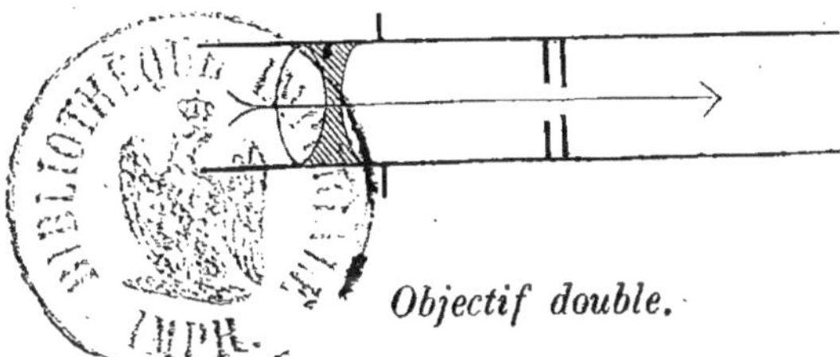

Objectif double.

L'objectif double s'emploie pour les portraits, pour les monuments et pour les reproductions de dessins. Dans

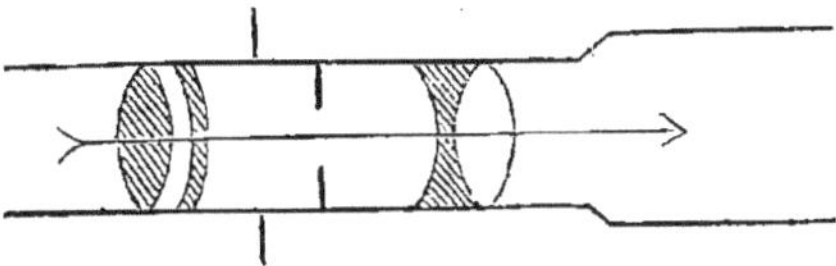

ces deux derniers cas, il doit être muni d'un petit diaphragme.

L'objectif simple sert pour les paysages.

On a fabriqué dans ces dernières années de nouveaux objectifs excellents pour copier les monuments. Ils embrassent un angle beaucoup plus considérable que les anciens et permettent de s'approcher très-près des monuments dont ils ne déforment pas les lignes. Ils peuvent aussi reproduire des vues panoramiques très-étendues. Le seul défaut de la plupart de ces nouveaux objectifs, c'est qu'ils exigent de très-petits diaphragmes; sans cela, l'éclairage est trop centralisé.

Les larges objectifs, simples ou doubles, à trop court foyer déforment considérablement les objets.

L'objectif simple est celui de tous qui a le plus de profondeur de foyer, c'est-à-dire qui reproduit avec le plus de netteté des plans éloignés les uns des autres.

A ouverture et à foyers égaux, l'objectif double, étant convenablement diaphragmé, donne moins de déformations que l'objectif simple.

Les diaphragmes étroits donnent plus de netteté sur les différents plans, les larges plus de relief; les petits diaphragmes allongent un peu le foyer. Dans l'objectif simple, plus on éloigne le diaphragme de la lentille et plus on obtient de finesse sur les bords, d'étendue et d'égalité dans l'éclairage de la plaque; mais aussi les lignes deviennent plus courbes. Le diaphragme de l'objectif simple est placé en avant de la lentille à une distance égale au septième environ du foyer. Dans l'objectif double, le diaphragme doit se trouver entre les deux lentilles et à une distance proportionnelle aux foyers de chacune d'elles.

Quand on écarte les lentilles de l'objectif double, l'image est plus grande et réciproquement.

Le meilleur objectif est celui qui donne le moins de

déformation, le plus de finesse sur les différents plans, avec l'ouverture la plus large.

En général, plus les images obtenues directement sont grandes, plus elles sont dénuées de perspective, plus elles sont déformées. Les grandes épreuves sont parfaites lorsqu'elles ont été obtenues par l'agrandissement de petits clichés produits avec des objectifs doubles de quart ou de demi-plaque, finement diaphragmés.

Un objectif a un *foyer chimique* quand l'image nette sur le verre dépoli est diffuse sur l'épreuve photographique, laquelle reproduit nettement des objets plus éloignés ou plus rapprochés que l'objet mis au point. Il faut rejeter un tel objectif. Ordinairement le *foyer d'un objectif* est déterminé en mettant le soleil au point sur le verre dépoli, dans la chambre noire, et en mesurant la distance entre la lentille postérieure et le verre dépoli. Toutefois *le foyer réel* s'obtient en reproduisant sur le verre dépoli l'image nette et de même grandeur d'un dessin, puis en prenant le quart de la distance qui sépare le verre dépoli du dessin.

Les lentilles se nettoient avec du vieux linge fin très-propre ou avec de la peau de gant imbibée d'eau alcoolisée. Le papier végétal rayerait les verres. Il faut bien se garder de déranger la position des lentilles.

L'atelier de pose aura le plus de longueur possible; il recevra du nord son éclairage latéral qui sera modifié par des rideaux mobiles. A défaut d'atelier de pose, les amateurs pourront placer leurs modèles sous l'ombre d'un hangar, d'une porte cochère ou près de la fenêtre d'une grande chambre bien éclairée. Le fond de l'atelier et les attributs seront peints en couleur gris mat.

La personne qui pose sera éclairée en avant par une lumière douce, diffuse et un peu oblique. Eviter les ombres trop fortes, car la photographie tend à exagérer les contrastes de la lumière et de l'ombre. Dans ce but, si l'on fait poser dans une chambre, on fera bien de placer un grand rideau en papier ou en calicot blancs du côté ombré du modèle.

La pose et l'éclairage ont une influence capitale sur la valeur de l'épreuve. Leur judicieuse application dépend complétement des facultés artistiques de l'opérateur. Au point de vue optique, le modèle doit avoir le corps placé perpendiculairement à l'axe de l'objectif. Le pied de l'appareil doit permettre d'amener l'objectif à la hauteur de la poitrine d'une personne debout et un peu au-dessous de la poitrine d'une personne assise. L'objectif peut être un peu incliné pour les portraits ; il peut l'être davantage pour les paysages. Dans le portrait on met au point les yeux du modèle.

Le paysage sera éclairé par le soleil latéralement à 45° environ, ainsi que les monuments. On met au point l'objet principal. Le meilleur moment pour faire les vues, est le matin (1). A cette heure, le vent est souvent nul, les ombres sont plus allongées et la brume qui règne dans les lointains augmente la perspective aérienne (2). Il est utile d'emporter, dans les excursions, une toile imperméable qui sert à envelopper les appareils et à les protéger contre la pluie. Sur cette toile placée sur le sol, on dépose les ustensiles qui sont ainsi garantis de l'humidité et de la poussière.

Un excellent *atelier portatif* est celui qui consiste en

(1) Toutefois quand l'objet à reproduire est éclairé convenablement.

(2) La lumière du matin est moins jaune et par suite plus active que celle de l'après-midi. Pour bien reproduire la végétation, il faut prolonger la durée de l'exposition.

une large boîte portant à l'avant un verre orangé et à l'arrière, qui est ouvert, un long rideau noir pour recouvrir l'opérateur. Cette caisse, contenant tous les appareils et produits, se porte comme un sac de militaire; elle se pose sur un pied à trois branches.

La sensibilisation se fait dans une cuvette à recouvrement qu'on relève ensuite sur le côté; au-dessous de la précédente reste une cuvette plus grande en zinc sur laquelle se font le développement et les lavages.

Pour les glaces stéréoscopiques au collodion sec, on se sert d'une boîte à escamoter que l'on a soin de choisir en bois bien sec et permettant le maniement facile de glaces plus ou moins épaisses. Les glaces de demi-plaque et au-dessus peuvent être mises, deux à la fois dos à dos, dans un même châssis où elles sont séparées par une cloison opaque.

La chambre noire pour prendre *les vues stéréoscopiques* est binoculaire, c'est-à-dire à deux objectifs. Elle doit être aussi large que possible, afin de pouvoir écarter les objectifs, et obtenir ainsi plus de relief, quand les objets sont éloignés.

Pour les monuments et pour les *reproductions de dessins*, la chambre noire et l'objectif double doivent être maintenus dans la position la plus horizontale possible.

L'objectif sera fixé sur une planchette mobile dans deux rainures à l'avant de la chambre noire et, suivant que le monument sera trop haut ou trop bas, on haussera ou on baissera la planchette. Les dessins seront placés en plein soleil sur un châssis vertical et perpendiculaire à l'axe bien horizontal de l'objectif, lequel axe prolongé arriverait au milieu du dessin. On doit avec une loupe à long foyer mettre les lignes du dessin rigoureusement au point. Mêmes recommandations pour la reproduction des tableaux. Pour les reproductions de gravures, prendre de grands objectifs doubles finement diaphragmés.

Dans aucun cas, le verre dépoli ne doit pouvoir s'incliner dans la chambre noire ni en avant ni en arrière.

Les *photographies à reproduire* seront encaustiquées ou vernies, puis mises près d'une fenêtre et elles recevront une lumière latérale presque parallèle à leur plan, afin d'éviter, sur la reproduction, le pointillé brillant du papier albuminé.

Les *daguerréotypes sur plaque argentée* recevront la lumière suivant la direction des raies du polissage pour que ces lignes ne se reproduisent pas sur le collodion. L'objectif sera entouré en avant par le voile noir ou par un grand carton noir troué, pour empêcher l'objectif de se réfléchir sur la plaque miroitante. On agira de même pour les dessins sous verre.

Pour faire une copie d'un dessin plus grande que l'original, il faut retourner le tube de l'objectif de telle sorte que la lentille du devant arrive en regard du verre dépoli. Ici surtout il est indispensable d'éclairer vivement le dessin par le soleil.

A l'article *Généralités*, nous avons vu que l'on obtient, par solarisation, des *épreuves positives transparentes sur verre* directement, c'est-à-dire sans l'intermédiaire d'un négatif. Cette méthode, curieuse comme théorie, ne donne pas dans la pratique des épreuves satisfaisantes.

Les épreuves transparentes s'obtiennent habituellement :

1° En appliquant, dans un châssis-presse, le côté collodionné d'un négatif contre une glace préparée au collodion sec, exposant 10 à 20 secondes à la lumière diffuse, puis développant comme les autres épreuves au collodion sec. Pour avoir de la finesse, il faut des glaces bien planes ou disposer les verres de manière à ce que le collodion occupe les surfaces concaves, lesquelles seront rapprochées l'une contre l'autre par la pression du châssis ;

2° En copiant à la chambre noire, et au collodion humide ou sec, un négatif placé derrière un verre dépoli que frappe la lumière diffuse ou mieux le soleil. Le verre dépoli sert de fond lumineux au négatif et empêche le doublement des lignes.

En suivant la même méthode, *on peut, avec de petits négatifs, produire sur papier* des *épreuves positives agrandies*. Pour cela, on retourne l'objectif et on reçoit l'image sur une grande glace recouverte de collodion épais que l'on décalque ensuite sur du papier gélatiné, comme nous le verrons ci-après chap. VI. Pour les agrandissements, les objectifs de quart, à foyer assez court, sont les plus avantageux, en ce que l'image étant plus rapprochée et par suite plus éclairée, l'impression est plus rapide.

Depuis quelques années, on a inventé de nombreux appareils pour l'agrandissement des épreuves. Nous citerons ceux de MM. Woodward, Bertsch, Duboscq, Derogy, Hermagis, Liébert, Monckhoven. La plupart ont pour but de reproduire directement sur papier chloruré l'image agrandie émanant d'un négatif. Ils sont établis sur le principe de la lanterne magique ordinaire.

Les rayons du soleil, du magnésium enflammé, de la lumière électrique ou mieux de la lumière de Drummond sont recueillis sur une grande lentille condensatrice plan convexe qui les dirige en un faisceau conique à travers le négatif sur un petit objectif retourné, lequel projette l'image agrandie sur un papier sensible disposé dans une grande chambre noire.

Nous ne pouvons pas entrer dans tous les détails de construction, de maniement et de comparaison de ces divers appareils.

Nous nous bornerons à dire que le petit cliché doit être bien transparent, non voilé et non verni. Nous indiquons les moyens d'atteindre ce résultat au chap. VI, auquel nous renvoyons également pour les formules concernant toutes les applications photographiques ci-dessus mentionnées.

IV

VÉRIFICATION

DE LA PURETÉ DES PRINCIPAUX PRODUITS CHIMIQUES.

L'alcool marquera 90° centésimaux, **l'éther** 62° Baumé. Évaporés sur la main, ils ne laisseront point d'odeur étrangère; allongés d'eau pure, ils ne doivent ni se troubler, ni avoir d'action sur le papier de tournesol bleu ou rouge. L'éther devient acide quand on l'expose à la lumière dans un vase en vidange.

Le coton-poudre, étant divisé, ne doit ni se ramasser en petits pelotons serrés, ni se briser en poussières. Il doit être un peu plus jaune seulement que la ouate; il se dissoudra presque entièrement dans un mélange de 1/2 d'alcool et 1/2 d'éther en volumes et formera ainsi une solution limpide; mouillé avec un peu d'eau, il ne doit ni bleuir, ni surtout rougir le papier de tournesol; s'il en était autrement, il faudrait le laver à grande eau, puis le faire sécher. On le conservera à l'obscurité dans du papier ou dans une boîte en carton et non dans un flacon bouché.

Le coton-poudre préparé avec des acides chauffés à 50° donne les meilleurs résultats. Préparé presque à froid, il est explosible, peu soluble dans l'éther alcoolisé; il donne un collodion glutineux produisant des couches moutonnées et des images sans intensité. Préparé à 70°, il devient soluble dans l'alcool absolu mêlé de fort peu d'éther; il donne un collodion trop fluide.

L'azotate d'argent fournira une solution incolore, neutre au tournesol, ne bleuissant pas par quelques gouttes d'ammoniaque. Cette solution, précipitée par un léger excès d'acide chlorhydrique, puis filtrée et mise à évaporer complétement, ne doit laisser aucun résidu de sels étrangers.

L'acide acétique cristallisable évaporé ne doit pas non plus laisser de résidu.

L'acide pyrogallique doit être blanc ou à peine roussâtre, cristallin, complétement soluble dans l'alcool, et complétement combustible sur une lame de platine.

Le chlorure d'or doit être neutre, jaune brun et en lames bien sèches. Celui en longs prismes jaunes est plus acide, parce qu'il n'a pas été assez évaporé. Le chlorure d'or se vaporise très-facilement même dans les flacons à l'émeri, lorsqu'ils ne ferment pas hermétiquement. Le chlorure d'or et de potassium est plus stable. A poids égal, il remplace avantageusement le chlorure d'or simple.

Le cyanure de potassium sera acheté fondu pur. Il doit se dissoudre complétement dans l'alcool anhydre et ne pas dégager de gaz carbonique quand, dans sa solution aqueuse, on verse de l'acide nitrique étendu d'eau.

L'hyposulfite de soude doit se dissoudre entièrement et sans trouble dans l'eau distillée et, dans cet état, ne pas précipiter par le nitrate de baryte.

L'acétate de soude doit être acheté fondu et ne pas précipiter sensiblement une solution de chlolure d'or. L'acétate de soude *fondu*, étant alcalin, accélère la décoloration du bain d'or.

L'eau, traitée par l'azotate d'argent, ne doit pas donner de précipité noir (eau sulfureuse), de précipité blanc abondant, soit insoluble dans l'acide acétique (eau salée), soit soluble dans cet acide (eau carbonatée). L'eau de pluie peut remplacer l'eau distillée dans toutes les solutions, excepté dans les bains d'argent et d'or. Il faut la recueillir dans des vases bien propres et après que les toits ont été nettoyés par les premières pluies. Lorsqu'on n'a sous la main que de l'eau de source, de puits ou de rivière, il faut, avant de s'en servir, la faire bouillir, la filtrer refroidie et y ajouter quelques gouttes de solution de nitrate d'argent, jusqu'à ce qu'elle cesse de se troubler par ce réactif. La glace fondue donne une eau excellente, parce qu'elle ne renferme pas de sels étrangers.

Les amateurs qui voudront étudier les produits chimiques d'une manière plus approfondie, feront bien de consulter l'ouvrage du Dr *Phipson*, intitulé : *Le préparateur-photographe* (1).

(1) Chez Leiber, lib., 13, rue de Seine.

V

ÉPREUVES NÉGATIVES

Formulaire.

Collodion simple ou normal.

Éther à 62°	50	cent. cubes.
Alcool à 90°	50	—
Coton-poudre	3	gr.

Mêler.

Solution iodurée.

Iodure de cadmium	8	décigr.
Bromure d'ammonium	2	—
Alcool	10	cent. c.

Mêler et laisser déposer.

Collodion ioduré.

Collodion normal	33	cent. c.
Éther	33	—
Alcool	23	—
Solution iodurée	10	—

Une parcelle d'iode pour jaunir le collodion.

En hiver, il faut un peu plus de solution iodurée et le collodion renfermera un peu plus d'éther que d'alcool.

Pour fluidifier le collodion en excès qui est tombé des glaces ou le collodion conservé depuis longtemps, il faut y ajouter quantité suffisante d'un mélange de deux volumes d'éther et de un volume d'alcool. Le collodion ioduré conserve longtemps son activité étant mis dans des flacons à l'émeri bien pleins et à l'abri de la chaleur.

Rarement il est nécessaire de filtrer le collodion bien déposé. On peut le faire à l'aide d'un filtre en papier posé dans un entonnoir recouvert d'une plaque de verre. On décantera aisément la portion limpide d'un collodion en la versant doucement dans un second flacon.

Laisser reposer les collodions plusieurs jours avant de s'en servir.

Bain d'argent.

Nitrate d'argent neutre.	8	grammes.
Eau distillée.	100	—
Solution iodurée.	2	gouttes.
Acide nitrique.	1 à 2	—

C'est-à-dire jusqu'à faible rougissement du papier bleu de tournesol plongé dans le bain; observer de suite cette réaction, car un moment après, le nitrate forme avec le tournesol une laque verdâtre qui masque l'acidité du bain d'argent.

Ajouter de la même solution d'argent au fur et à mesure de la diminution.

En hiver, augmenter l'argent de 2 grammes et laisser la glace plus longtemps dans le bain d'argent. Comme l'eau et le collodion contiennent parfois des substances organiques qui exposent à des voiles, il sera bon d'exposer de temps en temps le bain aux rayons du soleil. En recouvrant seulement avec un cornet de papier le goulot du flacon, on facilite l'évaporation de l'alcool et de l'éther en excès.

Réducteur ou révélateur au fer.

Sulfate de fer.	30	grammes.
Alcool..	30	—

Acide pyroligneux, 100 gr.. ou acide acétique cristallisable.	30	—
Eau ordinaire.	1000	—

Laisser reposer quelques jours et filtrer.

Solution pyrogallique pour renforcement.

Acide pyrogallique.	5	décigramme
Acide acétique cristallisable	10	centim. cubes.
Alcool	10	— —
Eau de pluie	100	— —

Filtrer. Souvent on ne prépare cette solution qu'au moment de s'en servir et on peut s'abstenir de la filtrer, quand elle est limpide.

Cette solution se conserve assez longtemps à l'obscurité; si elle jaunit après quelques heures, c'est que l'eau employée est impure. Quand elle devient trop noire, il faut la rejeter. L'acide acétique retarde la réduction et par suite empêche les voiles.

Au moment de l'employer, y ajouter quelques gouttes de :

Nitrate d'argent neutre	2	grammes.
Eau distillée.	100	—

Fixateur.

Hyposulfite de soude	25	grammes.
Eau ordinaire..	100	—

Ou bien :

Cyanure de potassium fondu.	2	—
Eau de pluie.	100	—

Filtrer. — Rejeter les révélateurs et les fixateurs qui ont servi une fois.

Le cyanure évite beaucoup de taches, mais il ronge un peu les épreuves et il est très-vénéneux.

Vernis.

1° Gomme. . . . . 10 grammes.
Eau. . . . . 100 —

Filtrer après dissolution; y ajouter une ou deux gouttes d'acide phénique, si l'on veut éviter la moisissure.

2° Benjoin ou gomme laque jaune. . . . . 8 —
Alcool. . . . . 100 —

Filtrer après dissolution. Ce dernier vernis sera versé sur le cliché un peu échauffé. Absorber avec du buvard l'excès du vernis qui retournant sur lui-même formerait des bourrelets.

Faire sécher les clichés à l'ombre.

Vernis noir pour positifs sur verre.

Bitume de Judée. . . . . 10 grammes.
Benzine. . . . . 100 —
Caoutchouc coupé en petites lamelles . 2 décigr.

Il s'applique à froid à l'opposé de l'image.

Vernis noir pour les ciels des clichés.

Essence de térébenthine. . . . . 100 grammes.
Bitume de Judée. . . . . 10 —

Le cliché recouvert de vernis à la gomme ou au benjoin est incliné le ciel en bas. Avec un pinceau, on applique le vernis noir, du côté collodionné, sur tout le ciel en n'approchant pas de trop près des contours de l'horizon. Ces contours sont exactement bordés, un quart-d'heure après, quand le premier vernis est sec, avec un plus petit pinceau et un peu de vernis.

Pour l'emploi de ces formules et pour toutes les manipulations photographiques, nous recommandons vivement aux artistes les ouvrages de M. PERROT DE CHAUMEUX : *Premières leçons de photographie ;* et *Collodion sec, exposé des procédés connus* (1).

(1) Chez Leiber, lib., 13, rue de Seine.

VI

MODIFICATIONS

DANS LES FORMULES PRÉCÉDENTES POUR LES DIVERSES APPLICATIONS PHOTOGRAPHIQUES.

1° Pour les **positifs directs sur verre**, ajouter dans le collodion ioduré ordinaire quelques gouttes de teinture d'iode pour ambrer fortement; forcer aussi un peu les doses d'éther et d'alcool pour rendre le collodion plus fluide et l'image plus fine. Le bain d'argent sera également un peu moins concentré, poser moins de temps que pour obtenir un négatif complet.

Développer au bain de fer sans pyrogallique, et fixer au cyanure de potassium, pour que le dépôt d'argent reste blanc; vernir de préférence avec le vernis alcoolique et mettre du vernis au bitume ou du papier noir derrière le verre.

2° Pour les **agrandissements** et pour **les positifs transparents sur verre**, faire le cliché sur un verre mince et bien plan avec collodion et bain faibles, comme pour les positifs sur verre; développer vivement au sulfate de fer, puis à l'acide pyrogallique étendu d'assez d'eau et d'acide acétique pour obtenir une image non voilée et transparente même dans les plus grands noirs; fixer au cyanure. L'image non vernie sera agrandie par les appareils spéciaux. Il faut une mise au point rigoureuse afin d'obtenir une netteté parfaite.

3° Pour les **reproductions** de gravures et d'images photographiques: collodion assez épais, sans bromure, mais un peu rougi par quelques gouttes de teinture d'iode; poser peu pour les gravures, longuement pour les photographies teintées en jaune; développer à l'acide pyrogallique sans sulfate de fer et vigoureusement pour avoir des noirs vifs, mais de manière cependant à ce que le cliché ne s'empâte pas et reste toujours positif directement.

Pour les tableaux, collodion très-bromuré, poser longtemps et développer d'abord au sulfate de fer.

4° Pour les **épreuves instantanées**, il faut: un objectif double, un grand diaphragme, un obturateur à ressort devant l'objectif, des glaces très-propres, un collodion renfermant moitié iodure et moitié bromure, un bain d'argent neuf à peine acide; on opère au collodion humide, par un grand soleil. Toutefois plus on recherche la sensibilité, plus on s'expose aux voiles et au manque de vigueur.

5° **Le transport ou décalque des épreuves collodionnées**, sur de la toile cirée ou sur du papier gélatiné, s'opère en posant, *presque à plat* sur une table, la glace portant l'épreuve collodionnée non égouttée. On prend une feuille de papier gélatiné ou de toile cirée plus petite que le collodion et conservée bien à plat; on frotte un peu la toile cirée sur du drap; on applique la feuille sur la glace en commençant par le bas de la glace, on abaisse progressivement la feuille en chassant par le haut le liquide interposé, on retrousse le collodion sur l'envers de la toile, on appuie légèrement sur le tout avec du buvard, puis avec le bout du doigt, on enlève par un coin la toile ou le papier auxquels adhère le collodion.

Pour que le collodion se détache bien de la glace, il faut qu'il soit un peu plus épais que le collodion ordinaire. L'épreuve sera développée avec l'acide pyrogallique sans sulfate de fer préalable. Pour que l'épreuve ressorte bien en blanc sur la toile cirée, il faut un collodion fort iodure.

Elle ressortira en noir bleu sur le papier, si au lieu d'acide acétique, on a ajouté un peu d'acide citrique à l'acide pyrogallique. On fixe au cyanure. Voir le chapitre **III** pour la disposition des appareils dans ces diverses applications photographiques.

VII

IRRÉGULARITÉS DU COLLODION.

Comme les éléments du collodion ne sont pas toujours identiques, et qu'il est lui-même instable, aucune formule de collodion n'est absolue. On le modifiera donc à l'aide des données suivantes, qui indiquent les résultats anormaux, produits par des dosages excessifs en plus ou en moins.

Trop de coton. — Couche épaisse, moutonnée, ridée, peu adhérente; moins de sensibilité; épreuves vigoureuses sans finesse.

Pas assez de coton. — Couche mince, irisée, plus adhérente; beaucoup de sensibilité; épreuves faibles et très-fines; avec exagération : sillons et dentelles transparentes; de plus, le collodion éclate souvent étant sec. — Le coton peu soluble, par suite d'une mauvaise préparation, produit aussi ce résultat.

Trop d'alcool. — Collodion lent à faire prise sur la glace, couche très-lisse, plus sensible; avec exagération par rapport à l'éther; couche poudreuse et réseau transparent, visible à la loupe.

Trop d'éther. — Couche ridée, irrégulière, séchant rapidement et très-tenace, moins sensible; la couche, qui est très-contractile, peut s'enlever spontanément à sec.

Alcool et éther trop concentrés donnent

une couche qui sèche très-rapidement et inégalement et qui repousse longtemps le bain d'argent.

Alcool ou éther trop aqueux donnent une couche collodionnée laiteuse avant d'être mise au bain d'argent, peu adhérente et se fendillant étant sèche.

Les iodures alcalins comme celui d'ammonium, rendent le collodion plus fluide.

Les iodures métalliques, celui de cadmium entre autres, épaississent le collodion.

Trop de solution iodurée. — Couche nitratée blanche opaque donnant une épreuve uniforme, voilée, à dessin orangé par transparence, se rongeant au désiodage. Avec collodion trop mince, l'image est superficielle et l'iodure se détache par plaques dans le bain d'argent.

Trop peu de solution iodurée. — Couche nitratée bleuâtre, très-transparente, donnant une épreuve heurtée, à noirs bleuâtres par transparence.

Trop de bromure. — Plus de sensibilité, couche nacrée par réflexion en sortant du bain d'argent, épreuve plus uniforme, plus faible.

Iodure sans bromure. — Moins de sensibilité, d'uniformité, noirs plus vifs.

Collodion alcalin. — Si l'éther, le fulmicoton ou l'iodure sont *alcalins*, le collodion tend à se décolorer et à devenir plus sensible ; il précipite en blanc et par suite devient plus fluide et partiellement soluble dans le bain d'argent ; il donne une couche mince, irisée, peu adhérente par places, à argent réduit sous le collodion à l'état métallique ; les glaces se tachent par le plus léger défaut de nettoyage ; les épreuves faibles, voilées et uniformes, tendent à roussir dans les parties transparentes. Il faut filtrer et ajouter du collodion vieux épais et rouge,

3

ou du collodion normal, avec quelques gouttes de teinture d'iode, pour ambrer fortement. Bien nettoyer les glaces, essayer d'avance au tournesol les éléments du collodion.

Collodion acide. — Si l'éther, le fulmicoton ou l'iodure sont acides, ou si le collodion a été fait à l'iodure et au bromure d'ammonium seuls, puis conservé longtemps, surtout au soleil, le collodion rougit par suite de la mise en liberté de l'iode ; il devient lent, donne des épreuves heurtées, à noirs vifs, à blancs vifs sans demi-teintes. Essayer les éléments au tournesol avant de faire le collodion, associer de l'iodure de cadmium à celui d'ammonium. Pour revivifier le collodion rouge, il faut suspendre dans le flacon des fils laminés de cadmium ou bien y ajouter 2 p. 100 de bicarbonate de soude sec en poudre et attendre une semaine ou deux, jusqu'à décoloration ambrée. Quelques gouttes d'une solution alcooique de soude caustique produisent de suite le même effet.

On peut obtenir un meilleur résultat en ajoutant le vieux collodion à du collodion neuf et laissant reposer pendant quelques jours. Ce mélange donne d'excellentes épreuves positives sur verre ; il est aussi très-bon pour le collodion sec et la reproduction des gravures.

Un collodion parfait doit avoir la teinte et la consistance de l'huile d'olives non figée ; versé sur une glace, il doit offrir une couche brillante, très-transparente, non striée et très-adhérente.

VIII

IRRÉGULARITÉS DU BAIN D'ARGENT.

Trop concentré et non saturé d'iodure, la couche blanchit vite dans le bain, mais peu à peu elle s'y affaiblit ; l'épreuve terminée est grisâtre uniformément. De plus, il y a des réductions, au développement, si le sulfate de fer n'est pas très-acidulé.

Trop faible, l'épreuve mise dans le bain d'argent devient lentement grisâtre et pointillée, elle s'affaiblit ensuite au désiodage ; terminée, elle est voilée, sans détails, à noirs violacés, très-transparents ; la couche est friable et très-peu adhérente, surtout aux angles.

Trop acide au tournesol, peu de sensibilité, épreuves très-limpides, à noirs bleuâtres très-transparents, se développant lentement.

Alcalin, pose accélérée, mais les épreuves sont faibles, voilées, enfumées ; s'il y a beaucoup trop d'alcalinité, l'iodure se réduira spontanément dans l'obscurité, et la plaque noircira tout entière au développement.

Quand le collodion est fluide, et peu ioduré, il faut un bain d'argent faible (images fines et transparentes) ; quand il est épais et fort ioduré, il faut un bain d'argent plus concentré ; dans ce dernier cas, les épreuves sont plus vigoureuses.

Quand les circonstances de pose et d'éclairage sont d'ailleurs convenables, un bain d'argent et un collodion parfaits, c'est-à-dire faits avec des produits purs, *en quantités équivalentes*, donnent une couche nitratée bleu-jaunâtre par réflexion, opaline, diaphane par transparence.

L'épreuve terminée est limpide, à noirs francs par transparence, avec une dégradation complète dans les demi-teintes.

Restauration du bain d'argent. Lorsqu'à la longue le bain d'argent devient trop huileux sur la couche collodionnée, il faut ajouter plus d'alcool dans le révélateur, ou mieux faire évaporer un peu le bain dans une capsule de porcelaine, le ramener au volume primitif avec de l'eau distillée et filtrer. Quand le bain d'argent altéré donne des taches et des voiles ou que l'on veut transformer le bain pour collodion en bain pour papier et reciproquement, il faut évaporer le bain dans une capsule jusqu'à fusion grise du résidu, reprendre ce résidu par de l'eau distillée en quantité égale à celle évaporée, puis aciduler *légèrement*. Pour atteindre plus tôt le même but, on ajoutera un peu d'ammoniaque au bain pour le rendre alcalin et on le fera bouillir quelques minutes; on filtre et on acidule avec l'acide nitrique *légèrement*; c'est-à-dire jusqu'à ce qu'un papier bleu de tournesol introduit dans le bain, que l'on secoue, commence à rougir. C'est ainsi que l'on doit traiter, de temps en temps, le bain pour collodion sec, qui est un peu altéré par la résine. Un bain trop acide sera ramené au degré convenable en y mettant de la craie pure en poudre, peu à peu, jusqu'à neutralisation seulement; on filtre et on acidule légèrement.

Pour les négatifs, et surtout pour les positifs sur verre, l'élément acide doit légèrement prédominer dans le collodion et le bain d'argent, principalement en été; le premier doit donc être bien ambré et le second doit rougir un peu le tournesol. A cause de la faible quantité d'iodure contenue dans le collodion, le bain négatif ne s'affaiblit, pour ainsi dire, point. Quand on veut connaître exactement le titre d'un bain d'argent quelconque, il faut employer l'argentomètre de M. Davanne. On pourra l'acheter au prix de 20 fr. chez les marchands de produits chimiques.

Le nitrate d'argent peut dissoudre de l'iodure d'argent en formant un sel soluble appelé iodonitrate. Ce sel est plus soluble à froid qu'à chaud (aussi le bain d'argent se trouble-t-il parfois en été), il est plus soluble dans un bain concentré et plus aussi dans un bain acide et alcoolisé que dans un bain neutre ne contenant que de l'eau. Cet iodonitrate est la cause 1° de l'affaiblissement des couches collodionnées plongées dans un bain neuf, non iodurée d'avance à saturation ; 2° des nuages et des points transparents sur les glaces développées trop tardivement ; 3° de l'affaiblissement des couches nitratées non débarrassées des dernières traces de nitrate libre, dans les procédés à sec ; 4° des points transparents produits par le bain d'argent sursaturé d'iodure, lequel se dépose parfois sur les glaces en été.

IX

ACCIDENTS DE LA COUCHE COLLODIONNÉE.

1° **Le collodion se détache dans les bains**, si les verres sont humides, gras; si le verre a été mis au bain d'argent avant un évaporation suffisante du collodion qui doit prendre un aspect mat (l'angle inférieur plus humide tend à se détacher); si le collodion est complétement sec avant d'être mis au bain d'argent; si on a tenu le verre avec les doigts imprégnés de sueur, sans buvard (l'angle supérieur plus transparent tend à se détacher); si on verse les liquides de trop haut et par les bords surtout non rodés; si le fulmicoton est de mauvaise nature; si le collodion est trop rouge, trop vieux; car l'iode libre, en certains excès, brûle le coton et le rend poudreux; si l'alcool ou si l'éther sont en grand excès l'un par rapport à l'autre; si le collodion est trop ioduré, beaucoup trop mince ou trop épais; s'il est alcalin et par suite partiellement soluble dans l'eau; s'il contient de l'eau, soit parce que ses éléments ont été mal rectifiés, soit parce qu'ils ont été introduits dans des fioles encore humides (on peut sécher de suite un flacon humide par deux lavages successifs à l'alcool, puis à l'éther, et en soufflant dans l'intérieur avec un tube); si le bain d'argent est trop faible; si on a éraillé la glace en la saisissant avec le crochet; si, pour fixer ou développer, on plonge trop brusquement les verres dans les cuvettes. *Pour le collodion sec,* si on n'a pas d'abord rodé 1/2 centimètre de bordure; si on n'a pas fait parfaitement sécher les glaces; si on n'a pas laissé sécher le collodion pendant environ une minute avant de le mettre au bain d'argent ; si avant de developper, on n'a pas eu soin de vernir les bords et de recouvrir les glaces d'eau alcoolisée ; si dans le collodion sec, par le procédé à l'albumine, on fixe au cyanure.

2° **Le collodion éclate après dessiccation,** si les glaces sont sales ; si le collodion contient de l'eau ; s'il est trop mince, trop éthéré, trop alcalin ; si une pose insuffisante par faible lumière est suivie d'un développement très-long ; quand le collodion n'est pas tenace, vernir toujours l'épreuve humide avec de la gomme. Le sulfate de fer donne de l'adhérence aux épreuves. Les acides et le cyanure tendent à détacher le collodion.

3° **Voiles effaçant plus ou moins l'épreuve,** *dus à l'action intempestive de la lumière ou à des émanations réductrices.* Soleil ou trop de jour dans le laboratoire (si le jour de l'atelier vient du midi, mettre des écrans en forme de persiennes pour empêcher l'arrivée directe du soleil), remplacer le papier jaune par des verres orangés très-foncés à l'abri du soleil et placer ces verres le plus loin possible des glaces sensibles ; entourer la bougie de papier orangé. Jour dans la chambre noire mal jointée (revisser et enduire les fentes de cire que l'on fond avec un tampon de ouate ou d'étoupe imbibé d'essence de térébenthine enflammée) ; jour dans les châssis (voiles dans les bords) ; soleil pénétrant sur les verres de l'objectif ou entre ses tubes, directement ou par réflexion sur des corps luisants (il rougit le centre ou un côté de l'épreuve) ; on constate cette pénétration du soleil en retirant les lentilles de l'arrière et en inspectant la chambre noire et l'objectif, la tête étant recouverte du voile noir. Pour empêcher le soleil de frapper la lentille du devant, allonger, avec du carton, le tube de l'objectif. Tubes mal noircis intérieurement ; on les noircit avec du vernis à l'alcool contenant du noir de fumée. Pose trop exagérée (épreuve rougeâtre et voilée). Émanations de la couleur des chambres noires neuves ; chambres pas assez noircies. Emanations sulfureuses ou ammoniacales. *Pour le collodion sec*, glaces ayant vu le jour avant le développement.

Dus à l'impureté, au manque de proportion, à l'emploi mal dirigé des substances, et souvent accompagnés de marbrures variées. Glaces mal nettoyées, surtout avec collodion trop mince (*voiles argentés sous le collodion*). Mains, crochets, linges, vases, cuvettes, supports souillés de réducteurs liquides, comme l'acide pyrogallique ou de leur poussière (on nettoie tout cela avec de l'eau aiguisée d'acide nitrique). Emploi d'eau calcaire, sulfureuse, ferrugineuse. Si l'eau est calcaire ou alcaline, il faut mettre dans le bain de fer, préparé avec cette eau, beaucoup plus d'acide acétique. Bain pour papier positif employé pour le collodion. Collodion non reposé assez longtemps quoique assez clair en apparence; collodion alcalin, c'est-à-dire trop blanc (l'ambrer avec la teinture d'iode), additionné de réducteurs, par trop ioduré. Bain d'argent neuf pas assez acide, trop faible, additionné de réducteurs, d'alcalis, d'hyposulfite, de matières organiques, lesquelles rendent le bain violacé avec dépôt d'argent sur les parois des flacons. Faire bouillir pendant quelques minutes ou exposer pendant quelques heures au soleil ce bain préalablement rendu alcalin, le filtrer, puis l'aciduler faiblement. Trop courte pose suivie de trop de développement, surtout si les révélateurs contiennent trop d'argent neutre et pas assez d'acide acétique; révélateurs additionnés, par mégarde, d'hyposulfite. Lavages imparfaits après chaque opération. Les révélateurs, mal enlevés par les lavages, donnent avec l'hyposulfite, un dépôt général d'argent qui empêche l'épreuve d'être vue positivement par réflexion.

Pour les positifs sur verre, on peut souvent enlever les voiles superposés : 1° en frottant avec de la ouate ou un pinceau doux la surface du collodion immergé dans l'eau ; 2° en laissant séjourner quelques secondes sur l'épreuve une solution aqueuse de cyanure de potassium à 1 p. 100, et lavant aussitôt que l'épreuve commence à s'éclaircir.

Dans les négatifs, on peut enlever les voiles même après le fixage en laissant *un instant* sur les clichés, une solution de : iode 0,5, iodure de potassium, 2 grammes dans 100 grammes d'eau, lavant à grande eau, fixant et lavant de nouveau avec soin. Si le cliché est faible, on le renforce ensuite au jour avec de l'acide pyrogallique, beaucoup d'acide acétique et du nitrate d'argent. On peut obtenir ainsi des épreuves vigoureuses et sans voiles.

4° **Marbrures ramifiées.** — Glaces non remuées dans le bain d'argent, soulevées trop tôt avec le crochet ou retirées trop vite de ce bain, alors qu'il est devenu très-huileux, surtout en hiver. Ces ramifications ou racines s'aperçoivent au sortir du bain d'argent. Pyrogallique avec trop peu d'acide acétique ou mal mêlé avec le nitrate avant d'être versé sur le collodion ; pyrogallique ou sulfate de fer versés de prime abord par le bas de la glace, où le nitrate d'argent s'est accumulé pendant l'exposition ; les réducteurs ramènent inégalement le nitrate sur toute la surface de la glace qui se développe ainsi irrégulièrement. Il faut donc verser d'un seul trait, sur toute la glace, en commençant par le haut, un excès de réducteur qui chasse ainsi par le bas l'excès de nitrate d'argent qui nuirait au développement. Même résultat quand, le bain d'argent étant trop huileux, le réducteur trop peu alcoolisé est versé sur la glace sans la remuer, ou bien est reçu dans le verre après un trop court séjour sur la glace ; de même si l'on renforce un cliché inégalement sec. Les châssis neufs et non vernis de la chambre noire exposent à des réductions sur le bord des glaces. Impuretés coulant par le pied des flacons surtout à acide pyrogallique, tenus sans précaution lorsqu'on verse les solutions sur les glaces sensibles. *Ramifications symétriques*, comme un pinceau à poils écartés, collodion ou bain d'argent additionnés d'alcalis ou de réducteurs ou non refroidis pendant les fortes chaleurs. *Lignes transparentes en zigzag* : glaces sensibilisées, le collodion en dessous ; même effet en hiver par suite de la condensation, de l'humidité de l'haleine sur les glaces avant le collodionnage.

5° **Nuages transparents.** — Emploi de verres à surface inégale ; collodion trop nouveau fait avec du coton peu soluble et renfermant encore des portions de coton mal dissoutes ; collodion renfermant trop d'alcool et pas assez d'éther ou réciproquement ; collodion écoulé des glaces et recueilli dans un flacon qui n'a pas été secoué pour mêler les couches de densité inégale ; collodionnage sur des verres humides ou par des temps et dans les lieux froids et très-humides ; glace couverte de collodion épais et inclinée irrégulièrement ou trop vite ; collodion versé d'abord en quantité insuffisante pour couvrir toute la glace, séché et recouvert d'une deuxième couche pour remplir les espaces vides ; glace plongée incomplétement ou irrégulièrement dans le bain d'argent (*moutonnement*) ou avec temps d'arrêt (*raies transversales transparentes*), ou si elle a trop séché avant la mise au bain : la partie trop sèche produit un contour blanc qui souvent reste transparent sur l'épreuve. Les collodions contenant du coton fabriqué avec des acides non chauffés, et par suite peu soluble, donnent aussi des couches inégales moutonnées; si le bain d'argent n'est pas saturé d'iodure ou s'il se concentre par un séjour prolongé dans la cuvette en été, la couche iodurée s'y affaiblit. *Espaces transparents dans le bas, points blancs et noirs dans le haut* sont dus à un retard dans le développement, surtout en été. En effet, le nitrate se concentrant se combine avec l'iodure et l'iodonitrate formé est en partie réduit (points noirs), en partie dissous et chassé par la projection du révélateur (points transparents). Quand, par suite de la distance, on est forcé de développer longtemps après l'exposition, il faut bien laver la couche nitratée, la couvrir d'une solution de sirop de gomme à 20 p. 100; au retour, laver et ajouter un peu de nitrate d'argent au révélateur. *Espaces transparents dans le bas*, si on n'a pas assez lavé après l'hyposulfite ou le cyanure, si la glace est retirée trop tôt du bain ou si elle est mise dans le châssis pas assez égouttée et sans buvard. *Traînées longitudinales,* si, après avoir égoutté la glace dans un sens au sortir du bain d'argent, on la retourne ensuite dans un autre avant de développer. Traînées *idem* dans le sens de l'écoulement, si on a mal étalé le vernis résineux ou gommeux. *Nuages transparents arrondis :* sulfate de fer trop concentré ou cyanure vieux ou trop fort versés sur un seul point, surtout avec collodion peu ioduré, bain faible, peu de pose. Les révélateurs chassent de ce point le nitrate nécessaire au développement ; le cyanure forme du cyanure d'argent soluble. *Pour le collodion sec*, glaces conservées dans des boîtes en sapin ; glaces mal dépouillées de nitrate par des lavages insuffisants ou égouttées toujours sur le même support (*ondulations transparentes dans la bordure*).

6° **Espaces noirs.** Jour partiel dans les appareils ;

pendant le développement : acide pyrogallique passé sous le collodion, qui est ainsi renforcé des deux côtés à la fois. Voir aussi *Marbrures* et *teintes rousses*. — *Pour le collodion sec*, glace mise demi-sèche dans le bain, ce qui était plus sec noircira plus ; si dans le procédé du tannin on n'a pas complétement enlevé l'argent des glaces avant de verser le tannin, si ensuite on n'a pas bien enlevé le tannin avant de développer.

7° **Piqûres transparentes.** — Elles peuvent avoir été produites par les bulles aqueuses microscopiques que forme le blaireau sur la glace non sèche. Elles sont causées le plus habituellement par le collodion non déposé, non filtré, secoué avant de s'en servir, surtout avec l'iodure et le bromure de potassium, contenant de l'eau ou des sels qui se dissolvent dans le bain d'argent; poussières dans le collodion ou le bain d'argent ; bain d'argent en été sursaturé d'iodure d'argent microscopique lequel se dépose, soit par la chaleur, soit par addition d'eau. On rétablit un tel bain en l'allongeant d'eau, filtrant pour séparer l'iodure insoluble et ajoutant du nitrate d'argent en quantité suffisante pour ramener la solution à son titre normal. M. Vogel dit que ces piqûres sont quelquefois produites par du sulfate d'argent que le bain peut contenir accidentellement. Ces piqûres peuvent aussi provenir du nitrate de plomb, quand on a employé de l'argent de coupelle pour faire le nitrate d'argent. Pratiquement on ne peut pas reconnaître ces causes d'insuccès que l'on évite en filtrant souvent le bain d'argent. Bulles du collodion versé de trop haut en été et en bouillonnant, parce que le flacon n'avait pas été débouché un instant auparavant. *Pointillé dans le haut de la glace*, retard dans le développement. Les piqûres transparentes peuvent aussi apparaître sur les clichés non vernis, conservés dans un lieu où l'on dégage du chlore, ou lorsqu'ils sont exposés aux brouillards maritimes.

8° **Points noirs.** — Dans le haut de la glace, retard dans le développement. Poussières, réductrices de l'argent, tombées sur les glaces sensibilisées, soit dans le châssis, soit dans la chambre noire ; poussières organiques dans le bain d'argent; emploi d'acide pyrogallique sans sulfate de fer préalable ; s'il se forme une *boue noire* après l'acide pyrogallique , c'est que le bain d'argent est trop fort et que l'acide pyrogallique est additionné de trop peu. d'acide acétique et de trop de nitrate neutre. Il faut jeter vite l'acide pyrogallique aux résidus, et balancer continuellement la glace pendant le développement ; si le bain de fer donne un précipité abondant d'argent sur les glaces il faut l'allonger d'eau et d'acide acétique et même affaiblir le bain d'argent. *Petits cristaux noirs en épis, croix ou aiguilles* à la surface du collodion. Réduction des cristaux d'acétate d'argent du bain, soit que le bain ait été additionné d'acide acétique, soit que le collodion contienne de l'iode libre. Cet iode, en formant de l'iodure d'argent, oxyde de l'alcool et de l'éther qu'il transforme en acide acétique. *Les glaces sèches préparées à l'albumine* se couvrent souvent de points noirs, provenant de ce que l'albumine a été mal reposée ou mal filtrée.

9° **Épreuve uniforme, faible, sans noirs vifs.**

L'épreuve est *orangée* si la pose a été trop longue (sur cette épreuve qui se développe de suite et qui ne s'éclaircit pas au désiodage, les demi-teintes sont arrivées au même point que les teintes) ; si le collodion est trop ioduré, surtout en été ; s'il est trop alcalin ; si le bain d'argent est trop alcalin. *Pour le collodion sec*, glaces dépouillées de leur nitrate par des lavages avec une eau calcaire. Voir les articles : *Voiles et teintes rousses.*

L'épreuve faible est *grise* si la lumière ou la pose sont excessivement trop faibles ; si la lumière est trop jaune (vers le soir), si le diaphragme est trop petit, si le sujet est éclairé trop de face et trop également, si le collodion est par trop mince, trop bromuré, trop peu ioduré, trop blanc ; si le bain d'argent est trop acide, dans ce cas, l'épreuve est très-limpide ; si le bain est excessivement faible, s'il n'est pas saturé d'iodure (voir *Irrégularités du bain dargent*) ; si la solution de fer est trop faible, beaucoup trop acidulée ; si le sulfate de fer est laissé trop longtemps sur l'épreuve. Pas assez de renforcement ; emploi de solutions révélatrices trop abondantes ; vues ou reproductions faites sans soleil. *Pour le collodion sec*, glaces plongées pas assez sèches dans le bain d'argent ; glaces mises à sécher dans un lieu froid et humide ; conservées trop longtemps préparées avant l'exposition ou le développement. Dans les positifs sur verre, les blancs sont ternes si l'on fixe à l'hyposulfite. L'épreuve s'affaiblit et devient trop transparente quand on emploie des vernis contenant plus de dix pour cent de gomme ou de résine. L'épreuve aussi sera trop faible au grand jour, si on ne la rend pas très-vigoureuse dans le cabinet noir, car la lumière jaune la fait paraître plus opaque qu'elle ne l'est au jour. Pour se guider dans les commencements, on fera bien de conserver dans le laboratoire un bon cliché qui servira de point de comparaison.

10° Épreuve heurtée à contrastes noirs et blancs sans demi-teintes. — Trop d'éclairage d'un côté du modèle ; manque de pose, surtout si le sujet a des couleurs qui contrastent beaucoup photographiquement ; manque d'iodure dans le collodion ; collodion vieux ou rouge ; bain d'argent trop faible, surtout si la glace y séjourne trop peu de temps en hiver ; réducteur trop additionné d'argent. Ces renseignements suffiront pour faire éviter les effets de neige que présentent souvent les épreuves stéréoscopiques.

11° **Pas de finesse, cliché empâté.** — Collodion trop épais, trop ioduré. Si *l'épreuve générale est trop vigoureuse*, on peut l'affaiblir même après l'hyposulfite, en l'immergeant dans la solution iodée indiquée page 45. On lave et on fixe ensuite. Trop de développement avec acide pyrogallique trop poussé en argent et pas assez acidulé.

12° **Flou.** — L'appareil ou le sujet ont remué ; manque de coïncidence entre le verre dépoli et le verre collodionné ; vérifier cela avec une règle passant par le trou où s'adapte l'objectif ; foyer chimique ; diaphragme trop grand, surtout pour les vues et les reproductions.

13° **Épreuve se rongeant dans le bain d'argent.** — Bain d'argent trop concentré, non saturé d'iodure. Si ce sont des plaques flottantes, c'est qu'il y a un grand excès d'iodure qui se détache de la superficie du collodion trop mince.

14° **Épreuve se rongeant au désiodage.** — Bain d'argent très-faible, cyanure concentré ou vieux ; collodion trop ioduré, surtout avec manque de pose ; l'iodure sous-jacent et inattaqué par la lumière se dissout dans les fixateurs (*rides vermicellées*).

15° **Manque de sensibilité.** — Pas d'équilibre entre les quantités de l'iodure dans le collodion et de l'argent dans le bain ; produits trop acides ; collodion vieux, rouge, trop éthéré, trop épais ; pour le restaurer, voir l'article : *Irrégularités du collodion*. Du reste, les collodions les moins sensibles sont ceux qui donnent le plus de vigueur. On rend le bain d'argent moins acide en y ajoutant un peu de craie en poudre, secouant et filtrant. Bain d'argent chargé de matières organiques. Glace mise trop sèche dans le bain où elle blanchit de suite. Exposition retardée, car le collodion se dessèche. *Pour le collodion sec*, glace exposée demi-sèche, ce qui est plus sec sera moins sensible.

16° **Pas d'épreuve.** — Pose trop minime, surtout à faible lumière; voiles empêchant ou détruisant l'épreuve; manque presque complet d'iodure dans le collodion ou d'argent dans le bain. Produits détériorés; bain d'argent trop alcalin ou trop acide; dérangement des verres de l'objectif.

17° **Cliché vert-bleuâtre après le cyanure.** — Lavage imparfait du sulfate de fer, qui forme du bleu de Prusse lorsqu'on verse ensuite du cyanure de potassium contenant du cyanoferrure. Ceci arrive encore, lorsque le bassin qui reçoit les eaux de lavage, étant placé trop haut, des gouttes contenant du sulfate de fer rejaillissent sur l'épreuve qu'on retourne, pour la laver, avant de la fixer par le cyanure impur ci-dessus.

18° **Rides ou stries diagonales.** — Glace non balancée en l'inclinant lentement et graduellement pendant le collodionnage, surtout avec collodion épais et très-éthéré, et surtout sur les grandes glaces qui exigent un collodion très-fluide et très-alcoolisé.

19° **Givre cristallisé.** — Hyposulfite non enlevé par les lavages; le vernis alcoolique employé à froid, surtout par les temps humides, produit un givre imitant le verre dépoli.

20° **Teintes rousses.** — 1° *En renforçant* l'épreuve *après fixage :* cliché mal débarrassé de l'hyposulfite ou du cyanure lesquels annulent l'action de l'acide acétique. Après le fixage à l'hyposulfite ou au cyanure, on peut renforcer en plein jour, si le cliché a été bien lavé et si le révélateur contient un certain excès d'acide acétique. Sans ces précautions, l'argent réduit se dépose sur toute la glace. — 2° *Dans les blancs seulement* au renforçage *avant l'hyposulfite:* produits trop alcalins; pyrogallique dissous dans de l'eau calcaire et pas additionné d'assez d'acide acétique; sulfate de fer additionné d'hyposulfite; gouttes jaillissant du bassin aux eaux de lavage, lesquelles contiennent de l'hyposulfite ou du cyanure. Trop de jour dans le laboratoire, car la lumière, comme les alcalis, noircit les blancs du cliché (réserves), en solarisant (roussissant) les noirs, primitivement formés, pendant l'exposition, dans la chambre noire. — 3° *Pendant le fixage;* dans la bordure : pyrogallique et hyposulfite restés sous les bords du collodion soulevé; diagonalement : hyposulfite ou sulfate de fer en contact avec les doigts imprégnés d'acide pyrogallique.

Si la solution pyrogallique a été additionnée de quelques gouttes d'un vieux bain d'argent qui a été exposé au soleil, l'iodure d'argent sensible de ce bain se dépose sur la couche de collodion et se recouvre d'argent réduit, lequel rend l'épreuve roussâtre. Cette teinte est surtout visible dans les blancs.

Enfin le procédé au tannin produit souvent des taches roussâtres, lorsqu'on met le tannin en contact avec le nitrate d'argent de quelque manière que ce soit. Voir *Voiles*.

21° **Cliché roussissant et s'affaiblissant à la longue.** — Emploi d'hyposulfite vieux qui sulfure l'argent réduit.

22° **Petites comètes ou fusées.** — 1° *Transparentes.* Verres à surface granuleuse; verres nettoyés trop longtemps d'avance. Bulles de salive sur la glace;

cyanure non filtré; si la queue est tournée vers le bas, cela vient des poussières renfermées dans le collodion ou adhérentes à la glace, comme, par exemple, quand on collodionne de suite un verre qui vient d'être frotté et dont l'électricité attire fortement les poussières. Collodion renfermant du coton ou des sels non dissous. Points de gomme ou de résine, des vernis non filtrés. — 2° *Noires*. Si le sulfate de fer n'a pas été filtré; si on laisse tomber ou si on frappe vivement le châssis contenant la glace collodionnée; si le nitrate d'argent resté dans le bas du châssis est lancé sur la glace par l'abaissement brusque de la planchette. Avant de mettre la glace dans le châssis, il est bon de le secouer et de l'essuyer, pour enlever les poussières et les gouttes de bain d'argent. *Pour le collodion sec :* solution de tannin mal préparée ou enlevée incomplétement. (Voir aussi n°s 7 et 8.)

23° **Petites taches blanches opaques.** — 1° *Arrondies*. Poussières tombant sur le collodion humide avant le bain d'argent, la poussière est au centre de la tache; — 2° *En traînées*. Elles proviennent du goulot non essuyé du flacon à collodion. — 3° *Épaisses de toutes formes;* dans le bain d'argent, collodion à l'ammonium seul et sans cadmium; au sortir du bain d'argent, parcelles de collodion qui nageaient dans le bain; quand la parcelle est chassée par le réducteur, la couche sous-jacente devient transparente; après lavage des glaces *pour collodion sec*, ces points mats proviennent de ce que la glace a d'abord été lavée avec de l'eau non distillée (*traînées*). Les glaces sèches préparées à la gélatine se recouvrent souvent de points blancs dus sans doute à l'impureté de la gélatine.

24° **Traînées argentées brillantes sous le collodion.** — Blaireau, linge, doigts sales sur les glaces; glaces essuyées avec un linge non dépouillé de savon. Le blaireau doit être conservé dans une boîte à l'abri de l'humidité.

25° **Traînées poudreuses damassées sur le collodion.** — 1° *Noires*. Bain d'argent non couvert, non filtré, versé dans une cuvette sale; pyrogallique mal mêlé avec le nitrate (voir aussi n° 8). Ces moirures fréquentes dans le développement des glaces albuminées, s'enlèvent aisément avec du coton après avoir lavé la glace à grande eau. 2° *Métalliques*. Bain de sulfate de fer trop concentré, pas assez acidulé, employé en quantité trop minime, laissé trop longtemps sur la glace sans la remuer. On enlève souvent les unes et les autres avec du coton ou un pinceau doux passés sur le collodion immergé dans l'eau. Ces accidents apparaissent surtout quand le bain d'argent est trop concentré et en été.

26° **Surface du cliché présentant des linéaments irréguliers.** — Collodion non homogène; réducteurs ou fixateurs versés irrégulièrement ou en quantité insuffisante; interruption pendant le développement.

27° **Réseau comme du tulle.** — 1° *Noir*, si les glaces, préparées pour le collodion sec, sont mises à sécher dans un lieu humide; si elles sont développées ou renforcées trop longuement et avec trop d'argent; si elles n'ont point été couvertes d'eau alcoolisée avant le développement. 2° *Transparent avec sillons ou gerçures dans toute la couche*, si le collodion est mince, trop vieux et produisant ainsi une couche poudreuse; s'il a été préparé avec du coton-poudre peu soluble, s'il contient de l'eau, si le collodion est trop alcoolisé. Quand ce sont les vernis qui se sont fendillés à la gelée ou à l'humidité, on expose le cliché pendant 12 heures environ aux vapeurs de l'alcool (3) et de l'éther (1) dans un entonnoir couvert avec une feuille de verre ; on chauffe ensuite légèrement le cliché.

28° **Cernes ou zones circulaires dans le haut du cliché.** — Quand celui-ci a été mis à sécher dans un lieu froid et humide, surtout en hiver. *Cernes partout sur le collodion sec:* quand, après avoir enlevé le nitrate en excès, on laisse sécher à plat la glace nitratée mal égouttée.

29° **Deux images superposées.** — Glace ayant déjà servi, puis non décapée à l'acide nitrique, surtout si le collodion en second lieu est mince.

30° **Négatif devenant pendant le développement positif par transparence.** — Cliché exposé à la lumière ou à l'action des alcalis pendant le développement. La lumière, comme les alcalis, en frappant une glace qui a été exposée, noircit les blancs (réserves) du cliché et solarise, c'est-à-dire rend transparents les noirs primitivement formés pendant l'exposition. Ces parties devenues transparentes prennent un ton roussâtre, un peu voilé, et ne peuvent pas être désiodurées. Telle est, suivant nous, l'explication toute naturelle d'un phénomène sur les causes duquel on a bien disserté, et dont on a attribué la formation à l'électricité.

31° **Auréoles au sommet des objets fort éclairés dans les paysages.** — Collodion trop peu ioduré et permettant aux rayons lumineux de le traverser, puis de venir se réfléchir sur la face postérieure du verre (*voilement par réflexion*). Prendre collodion plus épais, plus ioduré. Ce phénomène est aussi attribué à l'action de rayons chimiques invisibles pour nos yeux et que projettent parfois les objets fort éclairés. Ces rayons solarisent de suite l'iodure d'argent qui est frappé par eux.

32° **Illumination au centre de l'image.** — Emploi de trop grands diaphragmes dans les nouveaux objectifs globes à très-court foyer. Réflexion de la lumière dans la partie postérieure du tube quand l'objectif simple est placé dans le milieu du tube. Cette centralisation lumineuse disparaît quand on applique un large diaphragme à l'arrière du tube. Voir aussi *Voiles*.

33° **Ampoules sous le collodion sec.** — Glaces mal nettoyées, humides; verres non rodés sur 1 centimètre environ dans leur bordure; bords non vernis avant le développement; l'eau alcoolisée employée avant les réducteurs donne de l'adhérence à la couche. (Voir aussi n° 1.)

X

ÉPREUVES POSITIVES SUR PAPIER.

Formulaire.

Bain d'argent positif.

Nitrate d'argent fondu *neutre*, en été. .	15	grammes.
— — — en hiver.	18	—
Eau distillée.	100	—

Filtrer. — Y ajouter de la même solution au fur et à mesure que le bain diminue.

Bain d'or pour virage.

Eau distillée.	1,000	grammes.
Acétate de soude fondu blanc 10, ou cristallisé.	15	—

Filtrer et étiqueter nº 1.

Eau distillée.	1,000	grammes.
Chlorure d'or brun.	1	—

Dissoudre sans filtrer et étiqueter nº 2.

Quelques heures avant d'employer le virage, verser une partie de solution d'or dans une partie égale de solution d'acétate de soude. Le virage est prêt quand le mélange n'est plus jaune.

Bain d'hyposulfite pour fixage.

Eau ordinaire 1000, hyposulfite de soude, 250 grammes.

Dissoudre.

OBSERVATIONS.

Le papier peu salé donne peu de vigueur.

Le papier trop salé donne une métallisation générale et l'épreuve vient lentement si le bain n'est pas concentré.

Le papier fort albuminé donne plus de vigueur et de finesse.

Le bain d'argent trop faible donne lentement un positif faible, gris et l'albumine se dissout dans le bain d'argent qui jaunit et dépose en noir.

Le bain d'argent trop fort donne rapidement des épreuves qui, au sortir du châssis-presse, sont empâtées et métallisées partout.

Si le bain d'argent positif est acide, l'épreuve est rouge au sortir du châssis; elle ne vire pas.

S'il est trop alcalin, l'épreuve nitratée jaunit promptement, elle vire très-bien.

Un papier fort salé exige un bain fort; c'est le contraire pour un papier peu salé.

Pour décolorer un bain d'argent jauni par l'albumine dissoute, il faut y mettre 2 p. 100 de kaolin pulvérisé, le placer au soleil et le secouer de temps en temps. On le renforce avec du bain neuf et on filtre au moment du besoin.

Quand le bain d'argent est complétement détérioré, on le revivifie, comme le bain négatif, par évaporation jusqu'à fusion grise du nitrate d'argent que l'on reprend par de l'eau distillée non acidulée ajoutée en quantité égale à celle évaporée.

Pour connaître exactement l'état de concentration d'un bain positif, il faut employer l'argentomètre de Davanne déjà indiqué pour le bain négatif. Toutefois, en renforçant toujours avec une solution à 15 ou 18 p. 100 suivant la saison, le bain ne tombe jamais au-dessous de la concentration nécessaire.

Les solutions d'or qui ont servi une fois pour les épreuves sont mises de côté. En hiver, elles peuvent virer encore pendant quelques jours; mais lorsqu'elles ont déjà servi pour un certain nombre d'épreuves, elles donnent une nuance verdâtre au papier. Les vieux bains d'or déposent en violet (protoxyde d'or), on peut les revivifier, en y ajoutant quelques pincées de bon chlorure de chaux et quelques gouttes d'acide chlorhydrique, on secoue. Quand le dépôt d'or est dissous, on filtre; on fait évaporer un peu dans une capsule sur le feu pour chasser l'excès de chlore, enfin on sature l'acide en excès par de la craie en poudre laissée dans la fiole jusqu'à disparition presque complète de la couleur jaune. Ce bain peut s'employer comme le suivant qui est plus durable, mais moins énergique que le bain préparé à l'acétate de soude. On dissout un gramme de chlorure d'or dans 100 grammes d'eau distillée, et on y laisse séjourner de la craie en poudre; on secoue de temps en temps; après plusieurs jours, c'est-à-dire quand la solution est devenue presque incolore, on ajoute 900 grammes d'eau distillée. Le bain est prêt pour l'usage.

Le bain d'hyposulfite se conserve sans altération; il faut jeter aux résidus ce qui a servi une fois.

Les sulfocyanures récemment recommandés au lieu de l'hyposulfite ne sulfurent pas les épreuves, mais ils présentent des désavantages qui nous font préférer l'hyposulfite bien employé.

Si le nitrate d'argent ou l'hyposulfite sont acides, il faut les neutraliser en mettant pendant un instant dans leurs solutions de la craie en poudre, puis secouant et filtrant.

Une épreuve parfaite doit posséder une harmonieuse dégradation de tons du violet foncé ou du noir au blanc. Elle doit présenter tous les détails des lumières et des ombres.

Les épreuves stéréoscopiques obtenues avec la chambre binoculaire, après avoir été tirées sur papier, seront transposées sur le bristol, c'est-à-dire que l'on collera à droite celle obtenue à gauche et réciproquement. *Les fonds dégradés* autour des portraits se font avec des papiers ou des verres orangés spéciaux que l'on trouve dans le commerce et que l'on place au-dessus du châssis.

Pour obtenir *les ciels dégradés,* on noircit les ciels des clichés, on tire l'épreuve sur papier et on l'expose à la lumière diffuse sous un carton que l'on descend à plusieurs reprises vers l'horizon, jusqu'à ce que le haut du ciel soit teinté *très-légèrement.*

Pour produire les *nuages,* il y a une foule de moyens artificiels que nous ne pouvons pas développer ici. On recouvre en noir *les éraillures* et les *piqûres transparentes des clichés,* sur les clichés eux-mêmes, parce qu'il est ensuite plus facile de retoucher l'épreuve positive avec du noir qu'avec du blanc.

Avant de retoucher ou de peindre à l'aquarelle les épreuves, il est utile, pour faciliter l'extension de la couleur, de les enduire avec un pinceau d'un peu de solution de gomme ou de dextrine. Les amateurs pourront employer *les couleurs transparentes d'aniline* que l'on peut se procurer chez tous les teinturiers. On les délaye dans une solution de dextrine additionnée d'un peu d'acide acétique.

Les papiers *wotlytipiques et leptographiques* sont des papiers recouverts de collodion contenant en suspension du chlorure d'argent. Ils sont donc vendus tout sensibilisés. On les vire et on les fixe à peu près comme les papiers albuminés.

XI

ACCIDENTS SUR LE PAPIER ET SUR LES ÉPREUVES.

1° **Le papier albuminé devient jaune** quand il a été préparé avec de l'albumine vieille ou additionnée d'acide acétique.

2° **Le papier nitraté jaunit** et donne des épreuves faibles. L'humidité, l'albumine ammoniacale, le bain d'argent jauni ou trop alcalin accélèrent ce résultat. Il faut, conserver le papier nitraté au sec et à l'abri des vapeurs sulfureuses et ammoniacales, dans une boîte de bois ou de fer-blanc fermant bien, sans y mettre toutefois du chlorure de chaux, car ce produit ronge les boîtes de fer-blanc et rend le papier insensible. Le papier sera employé peu de temps après sa sensibilisation. Si l'on veut utiliser le papier un peu jauni par suite d'une trop longue conservation, surtout à l'humidité, il faut tirer plus vigoureusement, et mettre l'épreuve dans le bain d'or, avant qu'il soit complétement décoloré. On emploie le même moyen pour utiliser à la rigueur les épreuves qui ont jauni après le tirage. Le papier nitraté soumis aux fumigations ammoniacales récemment proposées jaunit très-vite en été.

3° **Marques brunes d'objets (ordinairement de papier) sur les feuilles nitratées.** — Ces marques sont celles d'objets insolés, c'est-à-dire laissés d'abord au soleil, puis placés sur les feuilles nitratées. Il faut rejeter ces feuilles.

4° **Traces noires poudreuses damassées.** — Réductions produites par des impuretés flottant à la surface des bains d'argent ou d'or. Bains non filtrés, ou versés dans des cuvettes sales, non couvertes ; papiers positifs non conservés à l'abri de la poussière.

5° **Épreuves faibles et grisâtres sans relief.** — Négatifs trop uniformes, trop transparents ; papier recouvert d'albumine trop allongée d'eau ; épreuves pas assez tirées ou laissées trop longtemps dans le châssis pour faible lumière. Un cliché faible donnera une meilleure épreuve, si on emploie un papier fort albuminé et un bain d'argent concentré ; si on l'expose à la lumière diffuse ou si, en l'exposant au soleil, on couvre le châssis d'un verre dépoli ou d'un papier végétal transparent. Bain d'or jaune, c'est-à-dire trop acide ; virage trop poussé ; fixage au cyanure de potassium au lieu d'hyposulfite. *Rouges au sortir du châssis, lentes à s'imprimer et souvent pointillées :* papier trop peu salé (on peut le rendre plus salé en le trempant un instant dans alcool 100, sel ammoniac blanc pulvérisé, 4, filtrer). Bain d'argent trop acide, non chauffé en hiver ; trop faible, et albumine non coagulée par l'alcool (j'ai démontré que l'albumine sèche n'est coagulée ni par la chaleur ni par l'acide nitrique étendu d'eau) ; trop court séjour du papier albuminé sur le bain d'argent. Épreuve exposée un peu humide sous le châssis. Papier albuminé vieux conservé à l'humidité, car dans ce cas les chlorures et surtout le sel marin, quittant à la longue la surface albuminée se disséminent dans le corps du papier (saler le papier de nouveau) ; papier sensibilisé exposé à l'humidité, puis à la gelée.

6° **Trop de contrastes entre les blancs et les noirs.** — Négatifs pas assez modelés.

7° **Épreuves empâtées.** — Emploi d'un bain

d'argent jauni ou trop fort, surtout en été; papier trop salé (images grises, superficielles, métallisées partout); épreuves trop venues sous le châssis (on les affaiblit, après l'hyposulfite, par une très-courte immersion dans une solution de cyanure de potassium, 1 p. 500 d'eau, puis on plonge dans l'eau ordinaire). *Les métallisations bronzées partielles* proviennent de l'amas de l'albumine par places pendant l'albuminage.

8° **Virage inégal ou nul.** — Cliché granuleux, trop faible; papier recouvert d'albumine acidulée ou irrégulièrement albuminé; trop court séjour sur le bain d'argent ou à l'exposition. Bain d'argent acide au tournesol; virage pas assez poussé; chlorure d'or falsifié; bain d'or épuisé, trop faible ou trop alcalin, ou fait avec des solutions mêlées trop longtemps avant l'emploi; température trop basse (faire tiédir en hiver le bain d'or); bain d'or préalablement trop chauffé; feuille mal lavée avant le virage ou lavée dans de l'eau contenant des chlorures.

Un excès d'acétate de soude donne des épreuves plus pourprées; un excès d'or, des épreuves plus rosées.

Les virages noirs s'obtiennent à l'aide de clichés vigoureux et de papiers positifs exposés jusqu'à métallisation des noirs.

9° **Épreuves se dévirant dans l'hyposulfite.** — Épreuves faibles faites avec un négatif trop transparent, pas assez poussées au noir dans le châssis; pas assez lavées au sortir du virage; bain d'or additionné d'acide acétique ou d'acétate de soude cristallisé trop acide (dans ce cas l'épreuve tend à devenir *rouge lilas*); bains d'argent ou d'or trop faibles; papier trop peu salé; court séjour dans le virage.

10° **Taches arrondies ou marbrées.** — Trop court séjour des feuilles sur le bain d'argent; bulles d'air restées sous les feuilles mal affleurées sur le bain d'argent (*blanches*), non remuées dans les autres ; feuilles affleurées avec temps d'arrêt, mal immergées, accolées dans les bains d'or et d'hyposulfite ; réflexion du soleil par des corps brillants placés dans le voisinage du châssis-presse. — Papier nitraté inégalement sec ou chauffé, puis non refroidi à l'air libre avant d'être mis au châssis.

11° **Taches d'un noir roussâtre.** — Si l'on met de l'hyposulfite sur une épreuve nitratée ou si l'on touche les feuilles dans le virage avec les doigts imprégnés d'hyposulfite, il y a formation de sulfure d'argent noir ; épreuve mal séchée laissée longtemps sous le négatif ; buvard ou flanelle humides dans le châssis ; on gâte ainsi les épreuves et les clichés (piqueté). Éviter de laisser, pendant la nuit, les épreuves sous les négatifs dans le châssis-presse. Empreinte des doigts sales sur les feuilles tenues sans précaution avant leur emploi.

12° **Points noirs accompagnés d'une traînée blanche.** — Parcelles de bronze ou de zinc à la surface du papier ; traces de l'épingle de cuivre, si pour retirer le papier du bain d'argent, on l'a percé dans un endroit mouillé de nitrate. Pour éviter cela, les épingles doivent être vernies ou argentées en les laissant plusieurs heures dans une solution de cyanure de potassium additionnée de nitrate d'argent ; ou mieux, on se servira de pinces en bois.

13° **Clichés et épreuves se couvrant de petits cristaux noirs.**— Cela provient de l'acétate d'argent en excès formé par l'acide acétique contenu dans le papier ou le bain d'argent. Laver de suite les clichés, et quand on renforce le bain positif, introduire d'abord le nitrate en nature, laisser vingt-quatre heures, filtrer, puis ajouter quantité sufffisante d'eau pour avoir un bain à 15 ou 18 p. 100.

14° **Espaces flous.** — Châssis ne pressant pas l'épreuve partout; emploi de verres à surface ondulée; papier végétal placé entre le cliché et le papier positif; *lignes doublées :* planchette se déplaçant lorsqu'on examine la venue de l'image.

15° **Ampoules sous l'albumine.** — Manque d'adhérence de l'albumine au papier. Dans ce cas ramollir le papier albuminé en le laissant séjourner quelques heures à la cave, avant de l'employer ou prendre du papier albuminé coagulé. On perce ces ampoules pleines de liquide avec une aiguille quand cela n'est pas de nature à altérer le dessin.

16° **Épreuves collant au cliché.** — Si elles sont humides ou si le vernis du cliché comme celui au copal est de nature à fondre au soleil. Quand un cliché vient d'être verni, il vaut mieux exposer l'épreuve à l'ombre.

17° **Gouttes ou veines huileuses sur le papier sensibilisé, pendant sa dessiccation.** Causes : 1° albumine trop sèche; on met le papier à la cave avant de s'en servir; 2° papier trop peu salé et bain trop fort; on réduit le bain à 10 p. 100.

18° **Piqûres opaques.** — Cliché couvert de piqûres transparentes; impuretés du papier visibles dès la sortie du bain d'argent; fixage imparfait *(épreuves poivrées)*. **Transparentes** : — Cliché couvert de piqûres noires; souvent les granulations transparentes ou opaques du cliché ne sont visibles qu'à la loupe et elles donnent aux épreuves un *aspect farineux.*

Les bulles, les rayures, les impuretés du verre, les poussières sur le cliché ou sur le papier nitraté laissent des points blancs sur l'épreuve positive. Avant le tirage, essuyer avec le blaireau, les clichés et les papiers.

19° **Les épreuves jaunissent et se détruisent.** — Mauvais papier ; papier conservé longtemps surtout à l'humidité, soit avant d'être employé, soit nitraté, soit impressionné avant le virage; papier nitraté séché trop lentement, surtout en hiver (il ne faut pas que la dessiccation dépasse une heure ; employer, s'il le faut, une chaleur artificielle) ; fixage à l'ammoniaque ; exposition à trop de lumière pendant les opérations ; insuffisance des lavages au sortir des bains ; l'hyposulfite, non enlevé, forme des taches jaunes arrondies qui rongent les épreuves et vont en s'agrandissant (en effet, le sulfure d'argent d'abord noir violacé devient peu à peu, à l'humidité, jaune brunâtre, quand il se trouve accompagné de matières organiques comme l'encollage des papiers). Bain d'or acide additionné d'hyposulfite ; bain d'hyposulfite employé en quantité insuffisante, épuisé ou acidulé ou additionné de sels d'argent ; épreuves conservées à l'humidité, exposées aux émanations sulfureuses ; trop long séjour dans l'hyposulfite ou dans les premières eaux de lavage après l'hyposulfite ; épreuves non remuées, accolées, mal immergées dans l'hyposulfite ou dans les lavages subséquents.

On revivifie un peu les anciennes épreuves détériorées en les replongeant dans un bain d'or. Un bon virage préalable atténue la destruction des épreuves.

XII

UTILISATION DES RÉSIDUS PHOTOGRAPHIQUES.

On estime à 1 fr. le prix de revient d'une feuille entière de papier albuminé arrivée à l'état d'épreuve photographique. Les résidus contiennent 95 p. 100 de l'argent et le 1/3 de l'or employés.

Les *vieux bains d'or* seront précipités par une solution de sulfate de fer et le dépôt sera recueilli sur un filtre, puis lavé et séché. Voir aussi le procédé indiqué page 60.

Les *papiers* tels que les rognures d'épreuves, les vieux filtres, les épreuves manquées, etc., seront bien séchés puis ouverts et brûlés à la bougie au-dessus d'une plaque de tôle placée sous une cheminée. On les laisse brûler jusqu'à ce que toutes les cendres soient blanches.

Les *vieux bains d'argent et l'eau de lavage des épreuves avant le virage* seront versés dans un grand pot et précipités par le sel commun en excès. Le lendemain on décante le liquide clair au moyen d'un siphon. On remplit de nouveau le pot avec d'autres solutions argentifères que l'on précipite de même. Quand le précipité de chlorure d'argent est assez volumineux, on le recueille sur des filtres et on le fait sécher sur un four de boulanger.

Tous les *liquides argentifères contenant de l'hyposulfite ou du cyanure de potassium, le kaolin et l'acide nitrique qui a décapé les clichés,* sont journellement mis dans un grand pot ou dans un tonneau placés loin du laboratoire. Quand le vase est plein, on y ajoute peu à peu une solution de sulfure de potasse et on laisse déposer pendant vingt-quatre heures. Quand la liqueur surnageante sera claire, on en prendra dans un verre où l'on versera quelques gouttes de solution de sulfure. S'il y a trouble, c'est que tout l'argent n'est pas déposé. On ajoute assez de sulfure pour atteindre ce résultat, mais pas en trop grand excès toutefois, car le sulfure dissoudrait une partie du précipité. Une fois le dépôt bien formé au fond du vase; à l'aide d'un siphon ou d'un robinet fixé au tonneau à un décimètre au-dessus du fond, on décante, pour le perdre, le liquide clair ne renfermant plus ni d'argent ni d'or. On reçoit de nouveaux liquides argentifères dans le vase, et après plusieurs traitements successifs par le sulfure, on rince le tonneau et on jette le dépôt boueux sur un filtre en feutre que l'on fait parfaitement sécher au-dessus d'un four.

On fait titrer par un essayeur les résidus d'or et d'argent et on les vend à un fondeur.

TABLE DES MATIÈRES.

Pages

Préface. 5

I. Généralités. 7

II. Recommandations pratiques sur les manipulations. . 13

III. Mode d'emploi des objectifs, disposition et éclairage des objets à reproduire; portraits, paysages, reproductions, etc. 17

IV. Vérification de la pureté des produits chimiques. . . 25

V. Épreuves négatives. 28

VI. Modifications dans les formules pour les diverses applications photographiques. 33

VII. Irrégularités du collodion. 36

VIII. Irrégularités du bain d'argent. 39

IX. Accidents de la couche collodionnée. 42

Le collodion se détache dans les bains. 42

Il éclate après dessiccation. 43

Voiles. 43

Marbrures 45

Nuages transparentes. 46

Espaces noirs. 47

Piqûres transparents 48

Points noirs 49

Épreuve uniforme, faible. 49

— heurtée 50

Pas de finesse, cliché empâté. 51

Flou. 51

Épreuve se rongeant dans le bain d'argent. . . . 51

Épreuve se rongeant au désiodage. 51

Manque de sensibilité. 51

Pas d'épreuve 52

Cliché vert bleuâtre après le cyanure. 52

Rides ou stries diagonales. 52

Givre cristallisé. 52

Teintes rousses. 52

Cliché roussissant et s'affaiblissant à la longue. . . 53

Pages.

Comètes ou fusées. 53
Petites taches blanches opaques. 54
Traînées argentées sous le collodion 54
Traînées poudreuses sur le collodion. 54
Surface du cliché présentant des linéaments irréguliers. 55
Réseau comme du tulle. 55
Cernes dans le haut du cliché. 55
Deux images superposées. 56
Négatif devenant positif transparent, pendant le développement. 56
Auréoles au sommet des objets fort éclairés dans les paysages. 56
Illumination au centre de l'image. 56
Ampoules sous le collodion sec. 56

X. Épreuves positives sur papier. 58

XI. Accidents sur le papier et les épreuves. 63
Le papier albuminé jaunit. 63
Le papier nitraté jaunit. 63
Marques brunes sur les feuilles nitratées 63
Traces noires poudreuses. 64
Épreuves faibles et grisâtres 64
Trop de contrastes entre les blancs et les noirs. . . 64
Épreuves empâtées 64
Virage inégal ou nul. 65
Épreuves se dévirant dans l'hyposulfite. 65
Taches arrondies ou marbrées. 65
Taches d'un noir roussâtre. 66
Points noirs accompagnés d'une traînée blanche. . 66
Clichés et épreuves se couvrant de petits cristaux noirs 66
Espaces flous, lignes doublées 66
Ampoules sous l'albumine. 67
Épreuves collant au cliché. 67
Gouttes ou veines huileuses sur le papier sensibilisé. 67
Piqûres opaques; transparentes 67
Les épreuves jaunissent et se détruisent. 67

XII. Utilisation des résidus photographiques. 69

IMPR.

Paris. — Imp. de E. Donnaud, rue Cassette, 1.

LIBRAIRIE LEIBER, 13, RUE DE SEINE

ENCYCLOPÉDIE PHOTOGRAPHIQUE

Sous ce titre est publiée une série d'ouvrages embrassant toutes les branches de la Photographie. Les suivants ont paru, savoir :

Premières leçons de Photographie; par M. Perrot de Chaumeux. 1 vol. in-18. 1 fr.

Traité des insuccès en Photographie. Causes et remèdes; par M. Cordier. 1 vol. in-12. 1 fr. 25.

Le Préparateur photographe ou Traité de Chimie à l'usage des Photographes et des Fabricants de Produits photographiques ; par M. le Dr Phipson. 1 vol. in-12, avec figures sur bois dans le texte. 4 fr.

Collodion sec. Exposé de tous les procédés connus. Manipulations, formules. Suivi d'un aperçu de l'opinion de divers auteurs sur la formation de l'image photographique dans la chambre noire ; par M. Perrot de Chaumeux. 1 vol. in-12. 2 fr.

Procédé nouveau de Collodion sec; par M. Boivin. 1 vol. in-12. 1 fr.

Photographie au charbon (gélatine et bichromates alcalins) ; par M. Despaquis 1 vol. in-12. 1 fr. 50.

Intervention de l'art dans la Photographie; par M. Blanquart-Evrard. 1 vol. in-12, avec une photographie. 1 fr. 50.

PLUSIEURS AUTRES TRAITÉS SONT EN PRÉPARATION

La Photographie en Amérique ou Traité complet de Photographie pratique par les procédés américains, sur glaces, papier, toile, plaque, etc.; par M. Liébert, ex-officier de marine. 1864. 1 vol. in-8°, avec figures dans le texte. 7 fr. 50.

Photographie rationnelle. Traité complet théorique et pratique. Applications diverses. Précédé de l'histoire de la Photographie, et suivi d'Éléments de Chimie appliquée à cet art; par M A. Belloc. 1 vol. in-8°. 5 fr.

Monographie du stéréoscope et des Épreuves stéréoscopiques ; par M. De la Blanchère. 1 vol. in-8°, figures. 5 fr.

Calcul du temps de pose ou Tables photométriques portatives pour l'appréciation à un très-haut degré de précision, des temps de pose nécessaire à l'impression des épreuves négatives à la chambre noire ; par M. L. Vidal. 1 vol. in-12, cart. ; accompagné d'un **Photomètre** destiné au mesurage de la lumière. 7 fr.

Paris. — Impr. de E. Donnaud, rue Cassette, 1.

www.ingramcontent.com/pod-product-compliance
Lightning Source LLC
LaVergne TN
LVHW020450230826
846091LV00004B/1635
9782013620932